PRÓLOGO

En este libro el autor intenta llegar al público desde una aproximación sincera para ayudar a través de una campaña que incluye la donación de su tiempo dando conferencias gratuitas de salud y conciencia, consultas gratuitas y seguimientos gratuitos.

Financiando sus propios viáticos hacia las comunidades más desfavorecidas, donde realmente la ayuda se necesita. He tenido la oportunidad de recibir la conferencia de salud y evolución aquí en mi empresa y hemos visto resultados extraordinarios.

No solamente los cambios en el estado de ánimo en las personas cuando se hacen una consulta o un diagnóstico con Fernando, sino que además hemos visto mejoría sustancial en su salud lo cual se ha reflejado en mayor productividad, en menor ausentismo hemos tenido hasta un 18% de aumento en el rendimiento del staff porque se nutren mejor y no se enferman.

Ha sido una contribución maravillosa el hecho de que a mis amigos no se le suba el azúcar no tengan migrañas no tengan cólicos, no tengan un aumento en su depresión en su ansiedad; que ya la persona obesa haya bajado de peso y no necesita ausentismo es algo formidable.

Una gran aportación, un gran ser humano. Yo en lo personal me he hecho el diagnóstico con él y he percibido beneficios en mi salud en forma extraordinaria.

Uno de ellos es que ya duermo bien, ya tengo bien estar en todo mi cuerpo. Yo sufría de molestias en los testículos y ese problema ya desapareció gracias al trabajo de Fernando Contreras.

Este libro contiene información, conocimientos y una serie de técnicas que permiten a la persona poner en orden su situación emocional, corrigiendo y previniendo ciertas enfermedades.

Yo recomiendo a toda persona que haya tenido experiencias emocionales como tristeza, enojo y miedo que a través de estas técnicas puedan poner en orden su vida.

Juan Guerrero.
Seguros Monterrey

Los 5 pasos para alcanzar la salud definitiva

Tabla de contenido

INTRODUCCIÓN

Bienvenido a este libro de los "5 pasos para alcanzar la salud definitiva". En este libro podrás encontrar varios beneficios importantes que lo hacen completamente diferente de otros. Tengo la intención de entregarte información completa y correcta acerca de la salud.

Toda la información que vas a encontrar en el mercado es información incompleta e incorrecta. Sólo cuando tienes la información correcta y completa podrás tomar decisiones, si no es imposible.

En este libro vas a lograr obtener de una forma muy innovadora, las herramientas e información para que comiences a poner en orden tu salud emocional y física y encontrar solución para diversos padecimientos que se consideran incurables, pero son perfectamente curables.

Si tú o alguno de tus familiares tiene algún problema de salud que no les hayan dado solución, es importante que lean este libro.

En este profundizamos muchísimo acerca de los beneficios y el cómo lograr que tú a través de un buen diagnóstico, a través de poner orden en tus emociones puedas alcanzar plenitud felicidad y un bienestar físico porque de lo que se trata es de que puedas estar saludable.

El ser humano no le tiene miedo a la vejez le tiene miedo a la invalidez. Envejecer con salud es extraordinario.

Este libro va dirigido a que la persona tenga una vida buena, plena, larga, saludable y el control de todos los aspectos emocionales y físicos de su salud.

Bienvenido a este libro. Es importante que lo leas y que lo leas ahora.

Los 5 pasos para alcanzar la salud definitiva

1. Salud y Conciencia

¿Por qué Salud y Conciencia?

Salud y conciencia es una campaña que está dirigida a educar e informar a las personas en forma gratuita sobre toda la información acerca de la salud. Se sabe que las personas no tienen toda la información completa y correcta.

Cuando no tenemos la información correcta y completa no podemos tomar decisiones, es por esto que surge esta campaña. Está dirigida a educar enseñar instruir y poder empezar a hacer una labor que ayuda a los demás. La conferencia puede ser pedida por personas comprometidas con la salud, donde sea y se les lleva; nada más hay que agendarla.

¿Por qué no simplemente Salud?

A mi parecer las dos palabras no pueden ir separadas. Sepáralas y no funciona. Salud y conciencia deben ir juntas. Tomemos el ejemplo de cuando somos jóvenes e inconscientes. Aunque sabemos que la consciencia no tiene nada que ver con la edad, pero cuando somos inconscientes nosotros solamente nos portamos bien cuando algo nos duele; mientras nada nos duela nosotros seguimos portándonos mal. Es por eso que está esta charla para animarte a que tomes las decisiones y te vuelvas consciente.

Cuando nosotros nos volvemos conscientes comenzamos a portarnos bien. antes de que la cosa salga mal. nosotros comenzamos a dormir a nuestras horas, comenzamos a hacer más ejercicio, comenzamos a bajar el picante a bajar el alcohol a bajarle a los refrescos, a la sal, al azúcar, pero mientras nosotros somos inconscientes. Solamente cuando ya nos duele seguido es cuando decimos "mejor le voy a bajar al alcohol", cuando ya nos duele el estómago es cuando decimos "mejor le bajo al picante" … eso no sirve; por eso es por lo que esta charla va dirigida a que al final ustedes cobren consciencia y toman mejores decisiones en su salud.

2. Aspectos de mi niñez

¿Qué marcó en tu niñez el camino a la Salud?

Durante mi niñez mi padre comenzó a darme ciertos datos acerca de la salud muy interesantes y vivenciales. Yo recuerdo la primera vez que fui al colegio y nos vacunaron. Había un programa de vacunación en la época de mi padre, cuando a él le tocó ser niño. Había que pedirles permiso a los padres para vacunar a su hijo. Ya cuando me tocó ser niño ya no había que pedirles permiso a los papás para vacunar al hijo, sólo había que informarles.

 Llega una circular que decía tal día a tal hora va a haber campaña de vacunación. Así que cuando la vio ya era demasiado tarde y salió corriendo con un antídoto para tratar de neutralizar el veneno de la vacuna.

Llegó y lo aplicó. En esa tarde en casa mi padre me dijo "hijito nunca permitas que nadie te de ningún medicamento todo medicamento compone una cosa y descompone otra cosa". Si necesitas correr, corre y yo le hice caso porque lo estaba diciendo mi padre, mi médico y mi héroe. Así que yo desde entonces no tomo ni siquiera una aspirina todo lo hemos resuelto con extractos de plantas. Definitivamente eso marcó muchísimo mi niñez.

¿Qué vivencia tuviste con tu padre que marcó tu Salud?

También recuerdo que cuando yo tenía la edad de 11 años estaba viendo la televisión y en las noticias decían que ciertas enfermedades no tenían cura. Pero yo veía como mejoraban todos los pacientes que mi padre estaba tratando de enfermedades como VIH y cáncer.

Mi padre me decía que toda enfermedad era curable. Que no sepan o no quieran curar es diferente.

Vamos a hablar ahora acerca de todo lo que es la industria farmacéutica y el impacto que tiene en la economía planetaria. Se sabe que los próximos 50 años la industria de la salud va a ser una de las industrias más lucrativas del planeta. La industria del deporte, del cine y de la música juntas son superadas por la industria de la salud. Ahora vemos por qué a veces, si no es que siempre, a las farmacéuticas no les interesa que la persona se cure, a la farmacéutica le interesa que la persona siga comprando el medicamento; de esta forma te dan quimioterapia de por vida, insulina de por vida, Losartan de por vida y todo esto está ocurriendo, es real.

Hemos estado viendo la cantidad de diabéticos que ya no son diabéticos. Estamos viendo la cantidad de hipertensos que ya no son hipertensos. Se están componiendo ya no son dependientes del medicamento. Muy importante es que todos los padecimientos tienen su tratamiento natural.

Hay varios aspectos de su tratamiento que hay que tomar en cuenta porque el tratamiento consta de cinco partes de eso hablaré más tarde, pero es muy importante tener un buen diagnóstico; un diagnóstico que abarque todo el cuerpo y que trate al ser humano como un ser humano.

Ya empezamos a dar conferencias en instituciones a través del Ayuntamiento de Orizaba, a la Facultad de Enfermería de la universidad veracruzana, enfocado a enseñarles un trato más humano que sí vaya dirigido a que la persona se cure o que por lo menos mejore.

3. Los 5 Pasos

La segunda etapa es el tratamiento. El tratamiento que consta de cinco fases. Es muy importante hablar de ello.

3.1 El primer paso es cambios de hábitos alimenticios.

Es más difícil cambiar de alimentación que cambiar de religión. A las personas les encanta de todo, el que está mal de riñones le encanta la sal, el que está mal del páncreas le encanta la Coca Cola y el que está mal del hígado le encanta el alcohol.

Entonces siempre se nos antoja eso, lo que más daño nos hace. Por eso es por lo que cuando vienen conmigo no se las pongo fácil. Creo que soy la persona que les pone el tratamiento más difícil de todo el país, porque les quitó todos esos malos hábitos alimenticios y no lo podemos hacer de otra manera porque tiene que haber coherencia.

La persona no puede componerse porque el ser humano siempre está evadiendo responsabilidad. Mi padre me decía "Hijito, te vas a dar cuenta que el ser humano siempre anda buscando la pastilla milagrosa que le resuelva todos sus problemas sin que tenga que tomar responsabilidad". Eso no existe. Con nosotros hay coherencia y la sinceridad.
 No todos se componen, tengo 27 diabéticos que ya no son diabéticos. Claro que la diabetes es curable pero también tengo otros 27 diabéticos que siguen enfermos porque no han querido cambiar sus hábitos alimenticios cuando les hablo les pregunto

"qué estás haciendo en este momento" y me dicen "tomándome un refresco" entonces no hay coherencia y se necesita coherencia para poder comenzar a sanar a todas las personas de este país.

Tenemos uno de los primeros lugares en diabetes y obesidad y todo eso es muy sencillo de componer si la persona tiene disciplina. Más adelante voy a hablar sobre las causas de la diabetes se van a quedar muy sorprendidos y muy complacidos con esta información.

3.2 Extracto de plantas.

Ya hablamos del punto número uno que es cambio de hábitos alimenticios. Los extractos de plantas son sumamente importantes ya que un extracto de planta en la dosis correcta es capaz de suplir un medicamento de patente. Esto es parte de la medicina orto molecular.

 Es importante entender que cada persona requiere una dosis distinta. Normalmente las personas están acostumbradas a hablar de mega dosis en la medicina orto molecular, Así que manejamos mega dosis y normalmente en la cantidad correcta el nutriente se convierte en un medicamento y comienza a componer. Por ejemplo, hay investigaciones que han hecho varios médicos reconocidos investigadores que la vitamina c en la cantidad correcta es capaz de revertir el cáncer.

Yo mismo he hecho experimentos y hemos logrado revertir 50% de cáncer en un mes. Casos realmente graves como carcinoma, que es cáncer de piel, uno de los más agresivos; sarcoma de estómago en un niño de 6 años; leucemia en una adolescente desahuciada. Esto es sumamente importante y no solamente el hecho de usar extractos de plantas, sino que por ejemplo se tiene que hacer un diagnóstico para saber qué dosis le corresponde la persona. No es la misma dosis para un niño que para otro niño, ni para un adulto, que para otro adulto. Es una situación orgánica completamente distinta. Así que vamos a profundizar un poquito más en la calidad de las plantas.

Al tener algo orgánico la persona tiene la certeza de que no va a ir ningún agente tóxico ni químico a su cuerpo. Es una verdadera maravilla. Con cualquier otro extracto de planta yo podría ayudar a aliviar, pero necesitamos curar a la gente. Este punto número 2 es que la persona tiene que tomar los extractos de plantas ¿Por qué? Porque no es suficiente con comer bien. Hoy día ya los alimentos la lechuga, la zanahoria tienen acelerado su proceso y ya no tienen los mismos nutrientes.

Hoy día necesitas 6 zanahorias para tener todo el caroteno que hace 100 años lograbas con una zanahoria. Yo recuerdo que los campesinos de cuando yo era niño con una sopita de frijoles y una ensaladita estaban perfectamente saludables y hoy día no. Voy a ver a los campesinos se comen la misma sopita de frijoles, una ensalada y están totalmente tronados de salud porque ya no alimenta.

El otro día fui a Rodríguez Clara, Veracruz y vi piñas que las hacen en la mitad de tiempo: La "piña miel". Deliciosamente dulce y con calidad de exportación, pero no contiene las enzimas importantes que nutren. Cuando me lo explicaron me pareció terrible.

Entonces ahora la comida está deliciosa y no nutre, te produce diabetes porque está llena de azúcar. Todo eso es muy importante comenzar a entenderlo ahora que necesitas sí tener una alimentación natural pero además complementarlo con tus extractos de plantas.

Ya hoy día suplementarse no es opcional es como tener un carro. Necesito un carro para transportarme, puedo ir a pie sí… pero en qué estado voy a llegar; entonces los suplementos son tu vehículo.

3.3 Cambios de hábitos emocionales.

Esto es sumamente importante ya que las personas no quieren hacerse responsables por lo que están sintiendo.

Es muy común que cuando la persona está enojada el enojo de la persona tiene nombre y apellido, es muy común que cuando tienen tristeza, la tristeza tiene nombre y apellido, cualquier otra persona es responsable por su tristeza excepto la persona.

Parte de mi tratamiento es que la persona tiene que hacerse responsable por sus emociones. Y esto no es nada fácil porque nunca nos lo enseñaron. No existía en el colegio o ninguna escuela que enseñara, ninguna materia que enseñara la inteligencia emocional; cómo resolver conflictos. Nosotros vamos al colegio y estudiamos educación física, historia, geografía, matemáticas, pero nunca había algo donde nos enseñaran un curso básico de comunicación.

Finalmente, las personas no comunican. Incluso las parejas pueden estar casados 50 años y no hay comunicación. A veces cada 6 meses como que la persona dice "ahora sí entendí a mi esposa", pero las personas no comunican, las personas hablan. Hablar no es comunicar.

Es muy importante entender que cuando alguien usa 100 palabras para decir algo para lo que se requieren sólo 10 palabras las otras es 90 ruido. Seguramente tú conoces a alguien que hace ruido. Incluso si eres bueno escuchando siempre se te va a acercar alguien que habla mucho, te agarran de terapeuta.

Es muy importante empezar a entender que la única persona responsable por lo que está pasando es que el está en el espejo, eres tú. Parte de mi tratamiento consiste en que te tienes que hacer responsable por la tristeza y por el enojo.

Si estás en tratamiento para hipertensión no te puedes enojar. Tienes que estar 6 meses, 9 meses, un año sin enojos. ¿Verdad que no es nada fácil?
El tratamiento que yo doy creo que es de los más difíciles, pero de los más efectivos que hay en el país. Hay que cubrir las 5 cosas para que realmente haya un efecto positivo.

3.4 La creencia de que te vas a curar.

Les voy a platicar una anécdota estaba yo en Tuxtepec, Oaxaca cuando me invitaron a ir a Jalapa de Díaz es subiendo hora y media la Sierra mazateca. En Tuxtepec hablan chinanteco, en la sierra mazateca hablan mazateco.

Fue muy interesante porque como yo iba recomendado son pueblos de usos y costumbres, así que la única forma en la que entras es por invitación y tienes que adaptarte a las costumbres de ellos, así que cuando yo llegué hice nueve diagnósticos.

Yo recuerdo que fueron nueve mujeres, las primeras ocho tenían dudas. De hecho, dos de ellas que tenían cáncer tenían dudas de que se iban a curar decían. "¿Pero esto de verdad se me va a curar a mí?" "me han dicho que esto no se cura" y todo el tiempo era la duda, la duda, la duda.

Hasta que llega María Ruperto, se hace su diagnóstico y con toda la confianza. Venía cargada de los brazos con sus dos bastones. Así que María Ruperto me dice al final del diagnóstico "Yo sé que me voy a curar porque le pedí a Dios que me mandara a alguien y me lo mandó a usted".

Cuando ella se despidió me dio la bendición en mazateco, eso sí le entendí. Se dio media vuelta y se fue. Yo me quedé perplejo porque uno no sabe todo. Y ni con 800 años estudiando vas a saber todo. Así que cuando María Ruperto me dijo "yo sé que me voy a curar" y se fue yo por dentro dije "ojalá que se cure", "a lo mejor vine a despedirla". Ella tenía una trombosis desde hace 11 años.

Al mes me mandan un mensaje por WhatsApp con un video y me dicen le mando el video de la señora Ruperto ya camina. Estaba la señora Ruperto caminando en su cocina de esas cocinas grandes, abiertas. Está el fogón acá, está la leña por allá, las gallinas por acá y ella estaba caminando sin bastones y sin ayuda. Decía "miren hasta puedo patear". Para mí fue muy reconfortante ver ese testimonio.

A partir de ahí yo comencé a observar la fe porque yo dije esto solamente lo puede componer Dios. Comencé a observar que mis pacientes que se curan son los pacientes que creen que se van a curar.

Qué importante es a veces decirle a la persona "sí te vas a componer". Aumentas hasta un 9% las probabilidades de que ese paciente se cure. Es muy importante la creencia y es muy importante el entender que todos, no es uno, son todos los pacientes que creen los que se están curando, un médico honesto no cura. El médico honesto solamente te apunta el camino correcto y te dice mira por ahí es el camino; pero quién tiene que transitarlo eres tú. El médico esta ahí para ayudarte a mejorar tu calidad de vida.

Es tu responsabilidad llevar totalmente la dieta y tus cambios alimenticios, porque yo tengo amigos y amigas que, es increíble, tienen Fe los ves con la convicción con la que dicen "yo sé que Dios me va a quitar mi diabetes" pero cuando los ves están con el refresco en la mano, entonces hay un dicho español que dice "A Dios rogando y con el mazo dando". O sea, tienes que ser coherente.

Tienes que tener la creencia, pero tienes que estar manejando tu parte humana. Moviéndote en la dirección de hacer cambios responsables. Cuidar lo que entra por tu boca y cuidar lo que sale de tu boca porque ambas cosas te pueden curar o te pueden enfermar.

3.5 La Escuela de Salud y Conciencia

El quinto aspecto de mi tratamiento es el estudio de la salud.

He observado que cuando mis pacientes no estudian la salud comienza a bajar su nivel de interés y comienza a bajar su nivel de compromiso y esto ocurre en todas las áreas de tu vida.

Observa bien. Cuando en tu trabajo ya no estás aprendiendo nada nuevo a ti ya te aburre tu trabajo. Ni por todo el dinero del mundo quieres seguir ahí. Lo mismo pasa con la pareja. En el momento en que ya no estás aprendiendo nada nuevo de tu pareja ya quieres cambiar de pareja.

Es muy importante que nos mantengamos siempre aprendiendo algo nuevo en todas las áreas. Por lo tanto, yo me he dado cuenta de que cuando voy a ver a mis pacientes, a veces pasan tres meses para que yo pueda llegar a un lugar a dar seguimiento.

Doy seguimiento por Redes Sociales, pero a veces a las personas les da pena estar mandándome mensajes. Piensan que me voy a molestar. Así que ellos dejan de tener contacto, dejan de tener seguimiento y muchos se van desanimando. Por lo tanto, me he dado cuenta y he creado lo que se llama la Universidad del paciente.

La Universidad del paciente es una iniciativa privada que consiste en educar, inspirar, empoderar al paciente para que pueda integrarse a una escuela, todos los jueves en la noche, una escuela gratuita, donde puede aprender salud.

No existe en el planeta una iniciativa privada que sea gratuita. Yo creo que con una campaña de estas con amor a ayudar podemos cambiar la cultura de salud de todo un país. Para eso tú me tienes que ayudar a lograrlo.

Lo que te quiero pedir es que tú comiences en tu casa o en una oficina. o en una cafetería. Donde tú escojas y comienza tu propia Universidad del paciente cada jueves.

Yo me conecto por Facebook la página se llama "Salud y Conciencia". Entras, me das "Me gusta" y de inmediato Tienes acceso a todos los videos y cada jueves transmito en vivo por facetime.

Son cápsulas cortitas no son tediosas, pero nos hemos dado cuenta de que el paciente se integra como si fuera Alcohólicos Anónimos. En cierta forma tenemos adicciones emocionales.

La persona se hace adicta a la tristeza se hace adicta al enojo, se hace adicta al miedo. Literalmente la persona está enamorada de su tristeza cuando dice "es que hace 20 años me abandonaron" o "a mí me insultaron en mi propia casa" y lleva dos años enojado. Entonces es muy importante quitar esas adicciones emocionales.

La persona se inserta en su universidad del paciente cada jueves y tiene seguimiento y cuando tiene seguimiento, tiene resultados. Cuando alguien aprende algo nuevo de salud su nivel de compromiso sube, su nivel de interés sube y logramos el doble de curaciones. Es una verdadera maravilla.

Así que parte de mi escuela, la Universidad del Paciente, que es un aula virtual donde trasmitimos cápsulas gratuitas cada jueves, está dirigida a educar a las personas.

Porque primero tienes que desaprender lo que has aprendido y aprender una forma nueva de tener una vida emocional. Entonces vamos a insertar un significado adicional a la palabra evolución.

La evolución para Fernando Contreras es la capacidad para establecer acuerdos no verbales. Esto se refleja en una relación de trabajo, pareja, familia, etc. donde ambas partes dan su 100% sin necesidad de haberse puesto de acuerdo en ello. Eso es evolución.

Normalmente las personas hacen lo contrario. Esperan a que algo salga mal para echarle ganas. Esto es inmadurez.

Entonces yo los animo a que se muevan a su siguiente nivel de compromiso en todas las áreas.

Como piedra angular. Muévete a tu siguiente nivel de compromiso en todas las áreas de tu vida, porque el ser

humano cuando no está creciendo esta cayendo. No existen estáticos, los estáticos son una ilusión, o vas para arriba o vas para abajo.

Entonces es muy importante que sepas que el precio más bajo que vas a pagar para crecer es pagar la totalidad del precio hoy. ¿Qué pasa si hago 3 de los 5 puntos?

Los 5 pasos para alcanzar la salud definitiva

Es un hecho que no puedes sanar si tú haces nada más tres puntos, no sirve. Para yo poder realmente saber que un paciente se va a componer el paciente necesita hacer los 5 puntos porque muchas veces me doy cuenta de que alguien está comiendo un excelente, come sin sal y está tomándose todos los extractos de plantas y un buen día me habla y me dice tengo la rodilla entumida. Y yo le digo será que te has tenido alguna preocupación y me dice "Sí. Están por embargarme la casa" … pues ahí está su rodilla.

Las preocupaciones dañan mucho entonces así voy cuidando mis pacientes.

Entonces hay que hacer las cinco cosas. Las repasamos rápido. Cambios de hábitos alimenticios, cambios de hábitos emocionales, extractos de plantas, la creencia de que te vas a curar, eso no me lo inventé yo, la mente pide evidencias, pero eso funciona para los negocios o para la pareja, pero para la salud, no funciona. Tienes primero que creerlo. Y el estudio de la salud. Con eso tenemos un tratamiento completo.

¿Por qué no otro diagnóstico?

El diagnóstico refleja no sólo lo que la persona tiene sino también lo que va a tener. Esto se percibe en las alteraciones energéticas de cada meridiano.

También podemos percibir lo que está ocurriendo a nivel emocional. Podemos decirle a la persona lo que tiene y por qué. Es decir, el grado de daño que hay en un órgano por causa emocional.

Normalmente en un diagnóstico convencional aparecen solamente los daños que hay en el tejido y eso lo hace limitado.

Somos muy honestos y le decimos a la persona que no hay garantías de recuperación Que sí hay esperanza de recuperación pero que no está en nuestras manos. Eso lo hace muy honesto.

Una de las cosas que me ha ayudado muchísimo al entrar en pueblos de usos y costumbres donde no puedes quedar mal porque te metes en problemas muy serios, es el hecho de que cada vez que hablo no les prometo resultados.

Es imposible prometerle alguien que se va a curar. Eso lo hace honesto porque si alguien llega y te dice "yo te voy a curar" te está mintiendo. Hay pacientes que se curan y hay pacientes que no se curan. Yo llevo 27 diabéticos que ya no son diabéticos, pero también tengo 27 diabéticos que siguen siendo diabéticos y no se componen.

Entonces ¿De qué depende? Depende justamente esos cinco factores. De que la persona haga las cinco cosas. Eres tú el responsable de que te vas a curar, no él terapeuta, él terapeuta honesto no cura, Es muy importante.

Yo les quiero platicar un poquito desde la forma que yo aprendí que es a través de mi padre. En Venezuela solía yo entrar al consultorio con él a ayudarle. Yo me acuerdo de que había personas que venían en silla de ruedas venían con VIH, con manchas en la piel y ellos entraban y al cabo de 6 semanas ya entraban y salían caminando.

Cuando al principio con todas las manchas y esa debilidad no podían casi ni hablar y después saliendo y entrando caminando sin manchas, haciendo ya su propia vida. Mi padre estaba muy contento, me decía "toda enfermedad es curable"

Me acuerdo de que estos pacientes con VIH empezaron a mejorar tanto que ya quisieron otra vez regresar a la fiesta y mi padre les decía no es momento de regresar a la fiesta, todavía no están bien. Y decían "pero nos sentimos muy bien" y mi padre siempre recalca la diferencia. Que una cosa es sentirse bien y otra cosa es estar bien. Que una cosa es sentirse mal y otra cosa es estar mal. Tú puedes sentirte muy mal, pero estar en una crisis curativa. Es muy importante reconocer esto. O puedes sentirte de maravilla y estarte muriendo.

La sociedad en que vivimos nos ha enseñado a tomar analgésicos que nos quiten los dolores sin tener que hacer cambios en nuestros hábitos. De hecho, en la cabeza del paciente esta la frase "dígame qué me tomo para seguir viviendo exactamente igual". No queremos hacer sacrificios. No queremos hacernos responsables.

Así que tenemos que reeducar a las personas a que entiendan que la crisis curativa no debe interrumpirse. El dolor está ahí como una alarma para indicarte que debes cambiar algo.

Cuando él hace la medición se detecta el grado de daño que hay en el campo magnético. Entonces, aunque ya físicamente el tejido del órgano está bien, pero si el campo magnético todavía está distorsionado no puede abandonar el tratamiento. Y con mucha honestidad a mi padre se los decía.

Me acuerdo de que muchos pacientes abandonaban el tratamiento porque el principal enemigo del tratamiento es cuando ya te sientes excelente; cuando ya la gente se siente muy bien abandonan la disciplina. Así que mi padre les decía si usted se va yo no lo recibo de regreso.

Y cuando regresaba después un año porque empeoraban venían y le decían "¿oiga me puede recibir?". Les decía "No lo puedo recibir más". Porque lo primero que se necesita entre un paciente y su terapeuta es confianza. Si no hay confianza es mejor ni siquiera iniciar el proceso.

Yo siempre les digo a mis pacientes que tengan la confianza, que tengan cierta desobediencia, porque por ejemplo alguien que viene con riñones dañados yo le doy mega dosis de calcio y le doy mega dosis de vitamina c y es lo primero que le quita el nefrólogo. Les quita el calcio y la vitamina C, y les digo tienen que tener cierta obediencia porque muchos no están actualizados.

La vitamina c orgánica compone riñones. Entonces todos estos conceptos son muy interesantes y van dirigidos principalmente a establecer un vínculo con el paciente.

Nosotros estamos convencidos de que lo que sana es el vínculo.

4. Calificación en Salud

¿Qué calificación en Salud te darías en este momento?
¿Ya incluiste todo?

Escoge un número del 1 al 10. Lo primero que necesitamos hacer es ubicarnos dónde estamos en salud para poder determinar a donde quiero llegar. Muy conscientemente.

No lo vayan a tomar como esas personas de la Nueva Era que dice "es que si yo voy a pensar que estoy mal entonces me enfermo". No. Se tiene que ser realista y saber dónde estás ubicado en tu salud. Ahora tenemos que incluir ciertas cosas porque muchas veces piensas que para poder darte una calificación y te das un 10 o un 9 porque no te han diagnosticado una enfermedad grave, pero vamos a incluir todo.

Vamos a incluir estado de ánimo. ¿Qué tan enojón eres? ¿Qué tan preocupón eres o qué tan preocupona eres? ¿Qué tanto te estresas? ¿Qué tanta ansiedad tienes? ¿Cuánto miedo? ¿Cuánta tristeza? ¿Qué tanta resistencia física? ¿Subes las escaleras y ya llegas jadeando o puedes tener tu resistencia bien?

¿Qué tan bien duermes de noche? ¿Estás durmiendo tus 8 horas o tienes insomnio? ¿Cómo está tu piel, tus uñas, tu cabello, tus dientes? ¿Tienes cólicos, estreñimiento o funciona tu intestino perfectamente bien? ¿vas tres veces al día al baño? El hecho de que tengas bien tus vías urinarias o cuando tienes ganas de ir al baño tiene que ser ya.

Todo esto vamos a integrarlo para poder ponernos una calificación. La pregunta es al ir incluyendo cosas tu calificación ha ido bajando. Vamos a suponer que te diste de calificación un siete. Tenemos que tenerla más alta, un 8 o un 9, pero vamos a suponer que tenemos un siete.

Que es el número que la mayoría de la gente se pone.

Si tú tienes un siete tienes que moverlo a ocho. Si tú no estás haciendo algo para subir a ocho entonces estás trabajando para bajar seis, así funciona.

Algo curioso es que yo he hecho cálculos acerca de cuánto te costaría, si pudiéramos traducir en dinero cuánto te costaría subir de 7 a 8 supongamos que entre me voy a suplementar, voy a comer más ensaladas, voy a dormir mejor, voy a meterme al gimnasio… A lo mejor te cuesta $10,000 subir de 7 a 8 como muy bajito. Lo curioso es que si tú te dejas caer a 6 te va a costar no el doble te va a costar 10 veces más regresar a 8. Cada nivel que bajas se multiplica por 10 el costo.

Es por eso por lo que el precio más bajo que vas a pagar en tu vida es pagar la totalidad del precio hoy. Siempre muévete a tu siguiente nivel de compromiso, no postergues. Porque al ser humano le encanta postergar siempre decimos "no, yo voy a pagar el precio cuando haya mejor oferta, cuando sea más barato pagar el precio, cuando esté deprimida la oferta, a que el proveedor que me lo quiera casi regalar". Eso no existe.

Mientras más tiempo pasa más caro va a ser la inversión en tu salud. Nunca vas a llegar a tal punto en el que obtendrás casi regalado el gimnasio y los extractos de plantas. Hay una actitud que beneficia la salud y es la actitud de pagar el precio. Yo me merezco lo mejor, yo pago lo que haya que pagar para poder recibir lo mejor y eso hace que recibas también en tu vida personas que están saludables.

Por el contrario, cada vez que alguien se cruza en mi camino y gusta de regatear por todo, me encuentro que esa persona va de caída en espiral descendente, siempre necesitando más ayuda y siempre desarrollando nuevos achaques. Nunca terminan de mejorar. Hunden a quienes están cerca ayudándoles.

Ya hablamos sobre la importancia de las emociones en el tratamiento que yo realizo. Vamos a profundizar un poquito en esas emociones y ver qué les hace la emoción a tus órganos.

5. La primera emoción es el enojo.

¿Por qué hablamos del enojo? Porque es una emoción que está muy a la mano. La mayor parte de las personas experimentan esta emoción y la experimentan como algo que alguien más está haciendo ellos.

¿Como afecta el enojo tu salud?

Es muy importante establecer el cómo puedo manejar el enojo. Primero que nada, el enojo se acumula en diferentes partes del cuerpo. Por ejemplo, el enojo afecta todo, hay gente que hace un coraje se le paraliza el corazón, se le paraliza la mitad de la cara y luego tiene que tomar rehabilitación para mejorar.

Tengo un amigo que tiene un balneario y le va muy bien. Recuerdo que yo platicando con el lo veía muy enojón. Y le dije tú estás muy enojón, se supone que sí te está yendo bien es para que estés mejor, no para que estés peor. Esto no es éxito, esto es nada más tener dinero. Y es que el dinero no es ni bueno ni malo, el dinero solamente es un incrementador. Incrementa tu realidad.

Dale dinero a alguien que se mete en problemas y se a va a meter en problemas peores. Dale dinero a alguien que tiene deudas y va a terminar con deudas peores. Por eso yo no le presto dinero a los amigos. Si prestas dinero pierdes el dinero y pierdes el amigo, porque va a seguir tomando las mismas decisiones que lo metieron en problemas.

A mis amigos les ayudo a hacer lluvia de ideas para que encuentren una solución por sí mismos. Siempre invierte en independencia.

¿Por qué tanta importancia a la emoción?

Pero ojo mi amigo me decía "Sí. Ya me duele el corazón". "Ya no puedo dormir del lado izquierdo porque me duele. Me duermo de lado derecho". Y le digo "No es negocio.
Por qué no mejor si te va bien, págale a alguien para que se enoje por ti". Se me queda viendo.

A mí me gustan mucho los juegos psicológicos y le digo "Sí, sí. Es un trabajo importante. Págale el doble si a alguien le pagas

7000 págale 14000 y su único trabajo va a ser estar al lado tuyo y cada vez que te hagan algo inaceptable le dices a esta persona "Eso es inaceptable, enójate". Que la persona haga ese coraje." Y se me queda viendo como diciendo "Estás loco". No, ¿quién es el loco? ¿A quién le encanta enojarse?

Allá fuera hay personas a las que puedes contratar para que sean tus guardaespaldas, e incluso son capaces de atrapar una bala por ti. Pero cuando se trata de las balas emocionales hasta las quitas. Dices "esa bala es mía" y te abalanzas hacia el frente.

 Todo ego es una majestad. El ego es el que defiende sus tres metros cuadrados de reinado.

Es muy importante entender que el libro está destinado a inspirarte ti a que en este momento sueltes, que aprendas la cosa más difícil que puede llegar hacer el ser humano, aprender a soltar.

 Si en este momento algo te pesa suéltalo. Mientas estás escuchando deja que todo ese peso y todo ese estrés caiga por tu columna hacia el suelo. El suelo necesita todo ese peso, tú no. Al suelo le hace bien, el suelo lo necesita, el suelo te lo agradece.

El enojo daña al estómago, vesícula biliar, hígado y garganta. Toda persona con problemas en la garganta es enojona. Ya sea que primero tenía la emoción y por eso se le dañó el órgano, o que primero se le dañó el órgano y entonces generó la emoción, pero si está el daño en el órgano, está la emoción.

Toda persona con problemas en el estómago es enojona. Agruras, reflujo, acidez o que de plano ya se extendió hacia abajo y es una colitis, esa persona hace corajes.

5.1 Enojo tipo 1.

El enojón tipo 1 es aquel enojón que tiene ciertas características. Es aquel que explota, pelea, discute, regaña, echa todo el veneno para afuera. Éste enojón enferma a los demás y él no se enferma. De hecho, suelen ser muy longevos.

Es importante recalcar que el enojo tiene serios efectos en la parte química de la sangre porque cada vez que uno hace un coraje uno pierde una dosis de calcio. Uno pierde todo el calcio de un día con un solo coraje.

Y esto no se estudia en la carrera de nutrición, al nutriólogo nada más le enseñan si es hombre o mujer de tal edad, de tal altura, tanta masa corporal; entonces necesita tantos miligramos de cromo, tantos miligramos de selenio, pero no le enseñan que cuando alguien hace corajes el calcio simplemente desaparece.

Entonces sería interesante que el nutriólogo le preguntara a la señora que llega y le dice "oiga a usted no le agarra el calcio y…. no agarra el calcio y le damos le y damos y nada. ¿Será que usted hace corajes?". Sería muy interesante que cuando llegaras con el dentista, el dentista te preguntara "oiga a usted se le pican los dientes a cada rato, ¿Será que usted hace corajes?".

¿Realmente el enojo puede dañar un órgano?

El enojo descalcifica. Si tú haces dos corajes al día. Entonces tú no necesitas una dosis de calcio, necesitas tres. La dosis que vas a aprovechar y dos que vas a desperdiciar. Enojarse sale caro. ¿Cuánto cuesta un hígado? ¿Cuánto cuesta una vesícula?

Hoy día les quitan a las personas la vesícula biliar, que está dañada principalmente por enojo. Te quitan la vesícula biliar y el médico te explica que la vesícula no sirve para nada, que puedes vivir perfectamente bien sin tu vesícula.

37

Estoy convencido que todo lo que Dios ha puesto en tu cuerpo sirve para algo. De hecho, la vesícula produce bilis y la bilis se encarga de varias cosas, la bilis es importantísima porque es la que desinfecta el intestino grueso y lo lubrica. Entonces la cantidad de problemas de salud que tiene una persona cuando ya le quitaron la vesícula, ese colon lo tiene hecho añicos.

Entonces tenemos que ir compensando con extractos de plantas un montón de problemas que a la persona se le generan nada más porque le amputaron el órgano.

Si nosotros pensamos en el enojón tipo 1, seguramente vienen nombres a tu cabeza. El enojón tipo 1 tiene nombre y apellido. Es muy importante entender que esta persona que explota y hecha todo el veneno para afuera está dañando a los demás. La solución no es ponerse a pelear. Vamos a ver cómo podemos hacernos más responsables por nuestras emociones.

5.2 Enojo Tipo 2

El enojo tipo 2 es un enojo muy interesante. Es cuando la persona por miedo a explotar dice "si abro la boca va a arder Troya". Mejor echa el enojo para dentro. Se traga el veneno y ese es el que se enferma. Es muy importante aprender a lidiar. La mayoría de las personas, el 90% son enojones tipo 2, porque el ser humano no quiere confrontar, es muy desgastante. Después de una pelea y una discusión, la persona queda muy agotada.

¿Como eliminar el enojo?

Es muy importante entender que la persona comienza a echar veneno para dentro. ¿Cómo revertir eso? Ahora cuál es la solución ¿Empezar a pelear y echar el veneno para afuera? No. La persona tiene que hacerse responsable por sus emociones y ahí es donde entra lo que se llama la alquimia de las emociones.

No es nada del diablo, son cosas que el cuerpo hace todo el tiempo. Vamos a hablar un poquito sobre la Nueva Era.

La gente lidia con las emociones de una forma completamente distinta. Hay gente que con la frustración unos se ponen a comer, otros que ven televisión, otros duermen, otros tienen sexo.

Cada persona maneja la frustración en una forma distinta. Incluso ahora con la Nueva Era hay gente que agarra y te pone espejitos, para que la mala vibra rebote de aquí para allá.

Hay gente que es capaz de envolver el problema en una luz violeta y la mandan a Plutón. Todos estos son artificios, la única forma sincera de manejar una emoción es aceptar la emoción.

No hay otra, no es casarte con la emoción porque te puede llegar a gustar. No es rechazar la emoción porque es como una tormenta y si le haces así a una tormenta qué le pasa, se vuelve más turbulenta.

Es elemento aire. Lo que tienes que hacer es aceptar y cuando tú aceptas y sientes el enojo en todas tus vísceras, pero lo aceptas sin rechazo, sin casarte, comienzas a ubicarte en el ojo del huracán y en el ojo del huracán hay calma.

Y a partir de ahí la energía comienza a revertirse y comienza a transformarse en todo un caudal de energía positiva. El ser humano hace esto todo el tiempo, fuimos diseñados para transformar el plomo en oro, pero no lo hacemos, todos queremos que nos hablen bonito siempre.

Todos queremos que la cosa siempre sea suavecita y sea agradable, pero no entendemos que hemos sido creados con un dispositivo capaz de transformar el plomo en oro.

Por eso es por lo que, si a ti te tocó un familiar conflictivo, una pareja que te es dañina, ahí tienes material de primera.

Todo el plomo que la persona te entrega es materia prima para transformarla en oro. No tienes que irte a la India para que un gurú te enseñe esto. Lo puedes aprender aquí y empezar a utilizarlo todos los días de tu vida. Esa es la forma con la que vamos a lidiar con el enojo tipo 1 y el enojo tipo 2.

Hablemos un poquito acerca del calcio. El calcio sumamente importante. No solamente rige el enojo en el sentido de que cuando te enojas pierdes calcio, sino que cuando la persona ya ha perdido suficiente calcio gracias al enojo ya no necesitas que te hagan enojar. Ya llegas enojado.

5.3 El Enojo y el Calcio

¿Conoces a personas que desde que llegan ya llegan de malas? Es más, van en el carro y quisieran tener un control para desaparecer al que va adelante porque va muy lento. Cuando llegues a ese grado significa que te falta bastante calcio.

Es muy importante entender que el calcio también rige la flexibilidad del cuerpo. La flexibilidad de las venas.

Yo le he estado dando terapias de calcio a personas que son enojonas. Sufren de ataques de ira. Había un amigo que era tan enojón que ponía enojados a todos en la familia, a la esposa y a los hijos. Llegaba y regañaba a los demás y estaban todos traumados. Cuando les hice el diagnóstico a los cuatro resulta que él no estaba traumado, él nada más estaba descalcificado, le dimos calcio y con eso se compuso. Los hijos y la esposa sí estaban traumados, además de calcio y otras cosas tuvieron que tomar terapia. Y ella estaba muy enojada por lo mismo. Preguntaba "¿por qué mi marido no toma terapia si él fue el que nos dañó?" Y le respondí "porque él no está traumado, él los traumó a ustedes y él está feliz".

Me acuerdo de que los hijos le decían a la mamá. "Mamá que no le vaya a faltar el calcio a papá" "No. Le tengo dos frascos de reserva" o cuando lo veían medio enojadizo le decían "Mamá dale doble dosis a papá"

Es muy importante también el calcio para la flexibilidad, por ejemplo, para enfermedades como la arteriosclerosis.

La arteriosclerosis no es más que el endurecimiento de las arterias y el medicamento que le dan en los hospitales es muy dramático porque es una inyección que va intravenosa y la persona literalmente siente que se está quemando viva. La persona grita. Lo único que le falta a la persona es calcio.

Tengo muchas personas que tienen obstrucción en las venas. Le das calcio y de repente recuperan toda la vitalidad.

¿Por que hay personas que acumulan calcio en vejiga?

El calcio para poder funcionar tiene que ir con magnesio. El magnesio es el que hace que el calcio vaya a dónde debe de ir. Si la persona no toma magnesio entonces el calcio se acumula en la vejiga, salen piedras en la vejiga.

Entonces el calcio se acumula en los riñones, se acumula en el lumbago. Luego la persona está, así como que le duele la espalda baja, le duelen las rodillas, las piernas, los tobillos, la planta de los pies y eso es falta de calcio. Se dañaron los riñones.

Entonces es muy importante aquí que le empecemos a dar a la persona calcio con magnesio. El magnesio lleva el calcio dónde debe de ir y tenemos que diferenciar de los diferentes tipos de calcio que hay porque está el calcio de origen animal que lo encontramos en la leche y el queso; tenemos el calcio de origen sintético y tenemos el calcio de origen vegetal que está en los nopales, el brócoli, en muchas, muchas hierbas; sobre todo en el alga kelp.

Así que se hicieron experimentos con calcio. Se le dio calcio de origen animal a alguien y después de un tiempo se le golpeó el hueso con un instrumento metálico redondo, se les toma una radiografía a las pocas horas y todavía el hueso mostraba la hendidura del golpe.

Se le dio a otra persona calcio sintético y pasó lo mismo, tenía su hendidura. Luego se le dio calcio de origen vegetal a una tercera persona se le golpea con el instrumento metálico y a las pocas horas cuando se toma la radiografía el hueso estaba completamente restaurado.

Los huesos deben de ser fuertes y flexibles. Porque cuando los huesos se vuelven rígidos debido al queso, a la leche, los huesos se mineralizan, pero se vuelven rígidos. Todos sabemos lo que pasa con un hueso cuando lo golpea algo más rígido, se parte. En cambio, si el hueso es fuerte y flexible es como una palmera.

Tipos de Calcio

Han visto las palmeras, las palmeras se inclinan cuando viene una tormenta, se dobla y se dobla, pero no se rompe. Incluso hay escenas con bombas atómicas y a las palmeras se le van hasta los cocos, pero la palmera no se parte. Tendría que estar la palmera enferma o dañada para que se rompa, así deben de ser los huesos. Entonces es muy importante empezar a tomar calcio de origen vegetal en abundancia. Calcio con magnesio.

La leche, el queso, no contienen magnesio, contienen solamente calcio y el calcio no se fija se va. Entonces no sirve de todas maneras. Así te vamos a dar especial importancia a que ustedes comiencen a subir su conocimiento y su nivel de compromiso en cuanto a la absorción de los nutrientes correctos.

¿Cuanto Calcio es bueno tomar?

Profundicemos un poquito más en el uso del calcio. ¿Tanto calcio será malo? Nos damos cuenta que, sobre todo cuando hay problemas renales, se recomienda no tomar mucho calcio.
En la medicina orto molecular se dice que el calcio en dosis alta es buenísimo. De hecho, yo lo utilizo en terapia para riñones. Tengo dializados en Tuxtepec, Oaxaca. Don Boni, comenzó conmigo cuando nada más podía orinar 5 mililitros. El equivalente a una jeringa. Le comenzamos a dar dosis alta de calcio y de vitamina C. Estaba tomando nueve veces la dosis diaria, tanto de vitamina C, como de calcio. Esto escandalizaría a cualquier nefrólogo. Por supuesto le pedí desobediencia y lo hizo. Comenzó a orinar, a los 10 días comenzó a orinar un litro

100. El doctor le dijo que jamás iba a volver a orinar, que lo tenían que dializar de por vida.

Después de un mes don Boni ya orinaba 2 litros 200. Ya no hace falta dializarlo. Entonces es muy interesante esto porque el nefrólogo lo sigue dializando porque al nefrólogo le enseñaron que la dializada es para siempre y aparte la cobran bien. Entonces ellos pues obviamente quisieran dializar a toda la población del planeta. Es muy importante esto porque la terapia con calcio de origen vegetal es sumamente segura y efectiva. Tengo pacientes con piedras en la vejiga, piedras en los riñones y éstas se disuelve con el calcio vegetal. No hace falta operar. Es una verdadera maravilla el poder tener un tratamiento de estos.

¿Por que hay personas que no agarran en calcio?

Estábamos platicando de que para que el calcio funcione tiene que venir acompañado de Magnesio y vitamina D. La vitamina D es la que hace que se fije el calcio en el cuerpo y el magnesio es el que se encarga de decirle al calcio dónde debe de ir. Va depositando el calcio en los dientes, huesos, no en los riñones, no en el lumbago.
Así que esto es muy importante porque entonces podemos tener una terapia segura con el calcio que solamente beneficia.

Los 5 pasos para alcanzar la salud definitiva
¿Que daño producen los lácteos?

Profundicemos un poquito en los lácteos. Los lácteos es tema muy polémico porque para empezar los lácteos son muy ricos. A la gente le encanta un buen queso con un buen vino. Y casi nadie consigue en sus dietas comer sin queso. Entonces es muy importante el hecho de que cuando la persona tiene un tratamiento conmigo, le quito los lácteos normalmente cuando tienen dañados los intestinos, porque todo lo que son las harinas y los lácteos dañan los intestinos.

Si la persona padece daño ahí, aunque la persona no sienta el daño tiene que dejar los lácteos. Entonces yo les quito leche, queso, crema, yogur y mantequilla. Y mucha gente me dice "es que me está quitando todo lo bueno". Y claro los lácteos también tienen sal, entonces dañan los intestinos y los riñones. Sí hay quesos bajos en sal, está el requesón, pero de todas maneras lo mejor es no comerlo. Es muy importante porque una señora me decía "Ay si usted me quita los lácteos me muero". Yo le decía "señora si no se los quitó vamos por el mismo camino".

¿Qué daño produce en la mujer los lácteos?

Es bien importante saber que en la mujer tiene estragos particulares en el queso y la leche. Como contienen calcio de

47

origen animal contienen un montón de hormonas de la vaca que no son diseñadas para el ADN humano, son diseñadas para el becerro. Entonces producen alteraciones glandulares. Entonces la mujer comienza a desarrollar quistes en los ovarios.

Lácteos y Enojo: Una combinación fatal

Es interesante ver cómo la mujer cuando toma lácteos y se enoja se forman quistes en los ovarios. Parte del tratamiento para quitar quistes en los ovarios es que a la mujer le pido que abandone lácteos, que abandone la sal, que abandone un montón de cosas. Tengo también casos de miomas, una gran amiga de Veracruz que bajó 10 kilos en 10 días sin esforzarse demasiado. Ella simplemente cambió su alimentación. Ella tenía tres miomas. Un mioma de 10 centímetros, otro mioma de 5 y otro de 4.

Ella estaba feliz porque en 10 días llegó y me dio su testimonio. En 10 días que se le disolvió el mioma de 10 centímetros. Nada más le quedaba el de 5 y el de 4. No todas las personas funcionan en esa velocidad, pero funciona. Es una verdadera maravilla, pero sí viene con cambios fuertes en los hábitos alimenticios.

Los 5 pasos para alcanzar la salud definitiva
Una Cultura de Salud Equivocada

La medicina farmacológica nos ha acostumbrado a tomar analgésicos y antibióticos que suprimen síntomas. No van a la raíz del problema. Esto nos ha hecho confundir sentirnos bien con estar bien. Nos hemos enviciado tanto con los medicamentos que ahora solo nos preguntamos" ¿Qué me puedo tomar para seguir con mi vida?"

Mi padre me decía una cosa muy importante que se me grabó, decía "hijito. Te vas a dar cuenta de que todos los seres humanos quieren la pastillita milagrosa que les resuelva todos los problemas para que no tengan que hacer sacrificios. Eso no existe". Todo mundo quiere llegar al cielo, pero nadie quiere pasar por el purgatorio. A veces tenemos que entender que para poder llegar al cielo hay que pasar por el purgatorio." Y eso significa purgar lo que me hace daño, purgar los cuatro venenos blancos que son la sal, los lácteos, las harinas y el azúcar.

Es muy importante comenzar a hacerse responsable y disminuir los lácteos, incluso cambiarlos por lácteos alternativos, normalmente le digo a la persona que tome leche de almendras, que tome leche de soya, que coma el tofu que es un queso de

49

soya sin sal y eso no le daña. Tiene calcio, tiene bastantes proteínas.

Entonces tenemos bastante de dónde obtener nutrientes de calidad sin necesidad de estar yéndonos siempre por el queso que produce un montón de colesterol también. Es muy importante y los quiero animar a que disminuyan o si es posible suspendan los lácteos.

6. Impacto de las emociones en el cuerpo

Tristeza

Hablemos ahora de tristeza y depresión. Son emociones muy a la mano también. Muchísima gente y seguramente tú puedes estar padeciendo tristeza o conoces a alguien que está padeciendo tristeza. Es muy importante entender que la tristeza daña muchísimo también ciertos órganos.
La tristeza daña páncreas, corazón y cerebro. Son órganos importantísimos.

Un diabético siempre es depresivo, siempre se entristece, siempre se enoja y además es obsesivo. El diabético es el que quiere estar controlando; quiere controlar personas o son obsesivos con la limpieza o son obsesivos con el orden.

Es muy difícil con el diabético, si tú llegas y te dice esas llaves van aquí en esta esquina, no en la otra. Dices "bueno, ya están ahí, agárralas." O vas en el carro y te van diciendo "a la izquierda, la derecha, ya se te va a poner amarillo". Y tú dices "bueno, el que está manejando soy yo".

Al diabético le cuesta mucho trabajo soltar, normalmente son muy enojones, son depresivos, son obsesivos y son muy controladores. Es muy importante que parte de la terapia del diabético es que tiene que aprender a soltar la tristeza.
Si la persona no suelta la tristeza no se le compone el páncreas. Es muy interesante porque yo puedo ver en el diagnóstico cuando el páncreas está sano y puedo ver cuando el páncreas, de todas maneras, aunque esté sano, no produce insulina. ¿y si está sano por qué no produce insulina? Porque existe la tristeza.

La tristeza va inhibiendo la producción de insulina y eso se ve ahí. Con esto podemos prevenir y revertir la diabetes. Es un trabajo muy bonito ya que la diabetes sí es curable y esto da muchísima esperanza a la gente, porque ya no hace falta tener úlceras diabéticas, ni tener amputaciones.

Tenemos que distinguir un poquito entre la tristeza y la depresión. La tristeza es más como un sentimiento que tengo ahorita fuerte y ahí está la tristeza, puede haber llanto, puede haber ojos rojos. Y la depresión ya es más como un estado en el que la persona se va metiendo, que se va haciendo costumbre.
¿Es lo mismo tristeza que depresión?

La depresión es cuando una persona se levanta y no le motiva nada. Se levanta por la mañana y sabe que se tiene que bañar porque se supone que tiene que bañar. Tiene que comer porque se supone que tiene que comer. Lleva los niños al colegio porque se supone que tiene que llevar los niños al colegio, pero no porque le motive. Si por ella fuera se quedaba acostada, eso es depresión.

¿Como manejo la tristeza?

La depresión es la ausencia de presión sobre todas las relaciones. Cuando hay presión la persona no se deprime. A lo mejor la persona está incómoda pero la persona no se deprime cuando hay presión, cuando hay exigencias cuando, cuando hay cosas que resolver. Por eso es que la mejor terapia que se le puede dar a alguien que tiene tristeza o depresión es que se ocupe y aumente su nivel de responsabilidad.

El nivel de responsabilidad del ser humano puede aumentar en forma ilimitada. No existe tal cosa como que yo ya soy responsable por todo. No. La persona pasa toda la vida siendo responsable por su familia y su trabajo.

Eso no es suficiente, tienes que empezar a ser responsable por todos y cada uno de los seres humanos del planeta.

¿Cómo puedo lograr eso? Si tú vences dentro de ti la tristeza tú ya estás creando un impacto, un orden de magnitud que impacta la mayoría de la población del mundo porque el 90% se deprime. A un 90% del planeta impactas si tú dejas tu tristeza y te vuelves una persona feliz. Así es como tú te haces responsable por todo el planeta, cambiando dentro de ti lo que es necesario cambiar, que está en afinidad con todos los demás. Vamos a practicar este acto de soltar y este acto de responsabilizarnos.

Tipos de Tristeza

6.1 Tristeza Tipo 1

La tristeza también se divide en dos tipos de tristeza. Este es un desarrollo mío. No lo van a encontrar con ningún psicólogo.

La tristeza tipo 1 es la tristeza que ocurre cuando la fuente que te está entristeciendo sigue presente. Por ejemplo, un familiar que te está dañando, o una pareja destructiva, o un familiar que está muy enfermo y que te está produciendo mucha tristeza verlo así.

¿Que le hace esta tristeza al páncreas?

Este efecto es que justamente la célula pancreática se inhibe y no produce insulina. Por eso es por lo que cuando estaba yo dando tratamiento en Sochiapa, Veracruz con Nancy. Nancy Me regaló su testimonio ahora ya van 30 casos, pero ella fue el número 21.

Yo recuerdo que cuando fui a Sochiapa, Veracruz a dar una charla de Salud y Conciencia. Invitaron a todos los del DIF. Cuando estábamos dando la charla Nancy se acercó y escuchó, se interesó y se tomó su diagnóstico. Ella tenia mucha tristeza (eso aparece en el diagnóstico). Le dimos un tratamiento natural, le quitamos la insulina y tuvo que quitarse la tristeza.

¿La causa de la Diabetes está en esta emoción?

Le tocó de tratamiento como 9 frascos. Así que ella se va con sus bolsas llega a la iglesia, Nancy es una mujer muy religiosa, se dedica al trabajo y es ministro de la iglesia. así que yo le dije Nancy tienes que quitarte la tristeza porque me aparece aquí que la tristeza te produjo esa diabetes y Nancy me dijo "yo me voy a quitar la tristeza".

Un mes después yo me encuentro con Nancy y ella me regala su testimonio y comienza a ir conmigo a las otras comunidades. Allá se habla zapoteco. Entonces es muy interesante cuando yo doy esta charla en español y la gente dice "qué interesante" y aprenden algo de salud, pero cuando pasa Nancy y da su testimonio en zapoteco la gente se sienta en la punta de la silla porque Nancy les dice "ustedes me conocen, yo me dedico al trabajo y a mi iglesia, yo no los voy a engañar, a mí me se me compuso la diabetes, a mí no me pagan por hablar aquí".

Es verdad yo en mis campañas de salud no pago porque yo no cobró. Estas conferencias las doy gratuitas en las comunidades y de esa manera cuando alguien quiere ser voluntario lo hace de Corazón.

Fue muy interesante porque cuando Nancy contó su testimonio. Ella decía "yo tenía un hijo y vino un carro con otro muchacho, lo subió y nunca más volví a ver a mi hijo". A partir de ese día Nancy se puso tan triste que por eso se volvió diabética. El páncreas no producía insulina.

Lo duro de la situación esta es que cuando yo le dije a Nancy "Nancy tienes que quitarte tu tristeza" yo no sabía lo que le estaba pidiendo a Nancy. Le estaba pidiendo que soltara a su hijo. Y ella me dijo sí. Se fue a la iglesia y en ese momento habló con Dios. Le dijo "Dios, yo me declaro incompetente para manejar mi tristeza, tú eres más competente que yo. Te voy a entregar mi tristeza y voy a soltar a mi hijo. En este momento me convierto una mujer feliz" Y lo hizo, salió esa puerta transformada y se volvió feliz. Para que vean qué impactante y cómo la tristeza daña tanto. Yo no sé que tengas que soltar tú, pero sé que puedes hacerlo.

6.2 Hablemos ahora sobre la tristeza tipo 2.

La tristeza tipo 2 es aquella donde la fuente que produce la tristeza ya no está. Puede ser un familiar que ya murió y la persona no ha superado el duelo. Puede ser un rompimiento amoroso. Cuando la persona tiene este tipo de tristeza pareciera lo mismo. "Estoy triste". Sí, pero ¿qué tipo de tristeza tienes?

Tiene un efecto completamente distinto en el cuerpo la tristeza tipo 1 de la tristeza tipo 2.

Estas son las verdaderas causas de la diabetes. Diabetes mellitus tipo, 1 tristeza tipo 1 y diabetes mellitus tipo 2, tristeza tipo 2. ¿Por que se inhibe la célula receptora?

La tristeza 2 inhibe la célula receptora. No acepta el azúcar entonces esta persona necesita ayuda para poder absorber el azúcar en la célula. Se le llena la sangre de azúcar y ahí está con el peligro del azúcar a 200, 300.

He tenido pacientes que ya habían llegado incluso a 400 de azúcar y al darles un reemplazo natural, les quito la metformina, les quito la insulina y la persona con el páncreas comienza a nutrirse. Hay una proteína vegetal especial que hace que la nueva célula pancreática nazca más fuerte y entonces se va componiendo la diabetes.

Algo muy importante que yo aprendí de mi padre es que me decía "yo no atiendo enfermedades, yo atiendo personas". No importa el nombre de la enfermedad que la persona tenga. A nosotros no nos gusta etiquetar a nadie de hecho cuando vemos que alguien tiene cáncer no se lo decimos porque la sola etiqueta mata.

Cuando vemos que alguien llega con diabetes, le decimos que se tiene que quitar la tristeza. Es responsabilidad de la persona.

¿Como nos libramos de esa depresión?

La responsabilidad de las emociones es de cada uno. Pero existen técnicas. Sabemos que la depresión es ausencia de presión, sobretodo afectiva. Cuando una persona esta ante una gran exigencia afectiva y tiene que resolver problemas, ya sea de pareja, familiares, o laborales la persona puede estar enojada pero no estará deprimida.

Mi recomendación es que cuando alguien esté deprimido en lugar de tratar de solucionar todo para esa persona, mete un poco de presión y exígele bastante. Ante una nueva exigencia la persona comenzará a salir de su estado de confort.

El otro día también tuve un debate justamente en un pueblo después de Sochiapa creo que se llama Boca de Monte. En ese pueblo vimos varios diabéticos. Obviamente cuando un diabético se compone me trae cinco u ocho diabéticos más para componerlos. Hay esperanza.

Entonces al muchacho que era hijo de una diabética, él es estudiante de octavo semestre Medicina y es brillante, es un genio. Gana todos los concursos de Medicina de su categoría. Él vio mis diagnósticos y lo que yo recomendé y se puso muy enojado porque yo recomendaba lo mismo para diabetes mellitus tipo 1 que para diabetes mellitus tipo 2.

Al final él estaba muy enojado y quiso hablar conmigo y me explicó todas las razones científicas por las cuales es imposible que yo cure la diabetes. Yo explicaba que si realmente quiere aprender cómo curar realmente, necesita desaprender primero toda la doctrina falsa que le están dando y empezar a aprender un método nuevo.

La verdadera causa la diabetes no está en la célula por eso no han podido componer la diabetes. La verdadera causa la diabetes está en la emoción. Si compones la emoción se quita la diabetes.

El páncreas no se daña así nada más. Hay gente que puede comer helado de chocolate, azúcar, galletas. Van comiendo todo tipo de cosas que se supone que dañan el páncreas, pero el páncreas sigue sano. Pero de repente haces entristecer a la persona y la persona sigue comiendo igual con tortillas, pan, pasta, o sea con carbohidratos.

Llega el carbohidrato y daña, pero no es lo mismo pecar estando contento, que pecar estando enojado o estando triste. Son estados completamente distintos de impacto en tu cuerpo. Es por eso tan importante que mi tratamiento va
dirigido hacia la emoción y hacia el órgano y hacia el cuerpo y entonces hay una posibilidad recuperación.

La tristeza también tiene un hermano menor, porque muchas veces la persona dice "yo estoy malo de mi corazón; yo estoy malo de mi cerebro, se me olvidan mucho las cosas, pero yo no estoy triste ni estoy deprimido". Y a veces es verdad, pero la tristeza tiene un hermano menor que son las decepciones y el desánimo.

6.3 Decepción y Desánimo

¿Alguna vez alguien te ha decepcionado? Oportunidades hay todos los días. Te puede decepcionar un hermano, un padre, un hijo, un jefe, un empleado, una pareja, una institución.

Oportunidades hay todos los días y cada vez que tú te decepcionas pierdes memoria. El cerebro se resetea y pierde memoria y luego la persona no es capaz de memorizar un número telefónico de 10 dígitos. Dice "Ay caray mejor lo apunto porque se me va a olvidar".

Todo esto de la tristeza y su hermano menor, va dañando páncreas, corazón y cerebro. Todo problema que venga desde la tiroides hacia arriba viene también causado por decepciones y por desánimo.
A veces no necesitas que te decepcionen, simplemente te desanimas de cualquier cosita. Comienzas un proyecto y ya cuando te topas con el primer obstáculo, te desanimas. Te falta construir ese carácter empresarial que todavía no tienes.

Es muy importante porque mucha gente incluso que cree en La Mano Negra. Dice "basta que yo empiece y me determine para lograr algo para que todo mundo me lo sabotee".

Hay una cuestión de energía, pero lo cierto es que el único estado aceptable en el ser humano es la certeza de que todo va a funcionar.

El cuerpo no ha sido construido, y lo he visto en pacientes y pacientes, para soportar las emociones dolorosas. Yo veo en promedio 200 pacientes mensuales de primer ingreso en diagnóstico, más aparte le hago consulta gratuita a más de 800 mensuales y nunca he encontrado un solo paciente que tenga emociones dolorosas y esté sano. No existe. Si hay emoción dolorosa tiene daño.

Muchas veces yo te puedo hacer una propuesta. Te voy a proponer que te entristezcas por los próximos 20 años. Trata de ser la persona más saludable del mundo, simplemente entristécete y en 20 años te veo en el consultorio. Hay mucha gente que me dice "no Fer, ni siquiera lo menciones. Cancelado". Pero ya llevas haciéndolo 20, 30, 40 años de tu vida es entristeciéndote. Eso no es negocio.

El ser humano no está diseñado para albergar emociones dolorosas. El ser humano solamente fue diseñado para albergar emociones que sean buenas.

Esperanza, amor, dicha, serenidad, alegría. Son emociones que te sanan. entonces de la pregunta del millón de dólares. ¿Entonces será que alguien se está burlando de mí? ¿Por qué nos construyeron un cuerpo capaz de sentir emociones dolorosas si lo único que a mi cuerpo le sienta bien son las emociones placenteras?

¿Dónde está el error? ¿Dónde está la burla? No. No es ninguna burla, sino que venimos a este planeta a aprender. Este es un planeta escuela y si no aprendemos la lección más importante de todas que es amar, Entonces tenemos después que regresar y repetir la lección.

Así que es muy importante empezar a quitar todo lo que son decepciones, desánimo, empezar a construir dentro de uno, una actitud confiada ante la vida. De que lo que está pasando también es para beneficio de uno. Aunque uno al principio no lo entienda. Vamos a ejercitar esa pequeña dinámica de ir confiando cada vez más y espero sus comentarios muy pronto en la página de Facebook salud y conciencia:https://www.facebook.com/Salud-y-Conciencia-1349429685095334/

Hablemos ahora de lo que esta decepción y desánimo causa en el cerebro. ¿Por qué se pierde memoria?

Resulta que, así como vimos con el calcio, el cerebro está compuesto 90% de grasa, que el 70% de esa grasa es Omega 3. Entonces cada vez que nos entristecemos quemamos Omega 3. Lo mismo que con el calcio con los enojos, la tristeza va desgastando tu Omega 3 por eso es por lo que no es por necedad. Ahora en la tele andan anunciando tome Omega 3. Es porque las personas lo necesitan.

¿Como restaurar esos nutrientes?

Es muy importante entender que el cuerpo va a tomar Omega 3 aunque no le des. ¿Y de dónde lo va a tomar? Lo va a tomar del cerebro. Literalmente la corteza cerebral va disminuyendo su grosor, se desnutre tu corteza cerebral.

Llega un momento en que la persona se desnutre lo suficiente se entristece de gratis. Ya no hace falta que nadie te entristezca.
Hay gente que dice hay gente que dice "yo en la vida fui feliz y de 2 años para acá ando llore que llore y no sé ni por qué. Es más, tengo mis pañuelos al lado de la cama" y es porque ya le faltan Omegas 3. Le empiezas a dar Omega 3 y se le quita la depresión.

Los 5 pasos para alcanzar la salud definitiva

Es tan antidepresivo que hubo un experimento que se hizo en Estados Unidos con un psiquiatra que se atrevió, porque todos los profesionales que han incursionado en algún descubrimiento importante se han atrevido y han arriesgado su carrera.

Así que este psiquiatra se encontró con un joven de 17 años con cuadro de suicidio. Todo psiquiatra sabe que cuando alguien está determinado lograr algo lo va a lograr y este muchacho cada vez diseñaba formas más creativas para quitarse la vida. Así que él que le dice con toda honestidad al muchacho "me toca recluirte, pero estoy dispuesto a no recluirte si te sometes un experimento." Ahí el psiquiatra estaba jugando su carrera.

El joven aceptó dijo "pues no tengo nada que perder". Y empezó a darle mega dosis de Omega 3. En lugar de un Omega 3 al día, eran tres en cada comida. Le daba 9 veces la dosis. No le dio ninguna terapia, nada más lo observó.

Resulta que el muchacho a las pocas semanas ya tocaba la guitarra, sonreía, platicaba con otros seres humanos, tenía proyectos de vida y cuando el psiquiatra le pregunta "¿qué opinas del suicidio?" Dice "¿yo suicidarme?, ni que estuviera loco. La vida es hermosa. Qué diferencia tan grande, nada más porque le faltaban nutrientes en su sangre y su cerebro.

Todas las emociones son químicas. Sientes una emoción dolorosa y una glándula segrega una sustancia que va viajando por la sangre y te va recordando enojo, enojo, enojo. Luego sientes una sensación de alegría y otra glándula segrega otra sustancia que va viajando por tu sangre y te va recordando alegría, alegría, alegría.

Tanto la emoción altera la química en tu sangre, como si alteramos la química en tu sangre se produce la emoción. Funciona en las dos direcciones. Es por eso por lo que es tan importante.

Varios psicólogos ya se han unido a este proyecto y están Recetando mucho Omega 3 para sus casos de depresión y tiene muchísimos más beneficios y más aplicaciones el Omega 3.

Lo estamos utilizando ahora en niños autistas. Lo estamos utilizando para síndrome de hiperactividad. El déficit de atención en niños se les quita por completo.

Si el niño no ha tomado medicamento psiquiátrico, el niño recupera al 100% su estabilidad. Si el niño ya ha tomado medicamento psiquiátrico es muy difícil rescatarlos porque el medicamento psiquiátrico causa daños permanentes y ya no aceptan el nutriente. Los mejoramos un poquito, pero hasta ahí.

Entonces es muy importante esto, el hecho de manejar la nutrición en el cerebro.

¿Como se usa el Omega 3 para nutrir bebes?

Es muy importante que empiecen utilizarlo en las madres que están embarazadas porque hay un proyecto que se llama súper bebés. El bebé desarrolla literalmente conexiones neuronales que no era posible formar. Las va logrando si la mamá toma Omega 3 desde que está en el vientre el bebé.

Y cuando nace se lo sigue dando través de la leche materna. Estos niños se vuelven más seguros de sí mismos. Dicen "mamá yo solito". Se quieren amarrar las agujetas solos. Son echados para adelante y en cambio el niño inseguro "no mama, no me sueltes, no quiero, me da pena, cuídame" es falta de Omega 3.

Es muy importante que empecemos aprender sobre la nutrición. Yo creo que el mejor negocio del mundo es estar contento, pues invierte en tu frasco de Omega 3 y espero sus comentarios en la página de Salud y Conciencia.

6.5 Vamos a diferenciar ahora los diferentes tipos de Omega.

Existen diferencias muy fuertes, por ejemplo, está el Omega de origen animal y el Omega de origen vegetal.

¿Dónde conseguimos Omega de origen animal? Lo consigues en los peces de piel azul como el salmón y la sardina.

Y tengo pacientes que muy curiosamente cuando los checo les falta Omega y ellos me dicen "no, pero yo como salmón todos los días, me como 100 gramos todos los días". Yo digo "qué bueno que puedes hacer eso, mucha gente no puede hacer eso". El problema es que el omega 3 está en los ojos y en las vísceras Entonces forzosamente o te comes los ojos y las vísceras o mejor te tomas la cápsula. Entonces es importantísimo poder tener suplementación en cuanto los omegas.

Existe también Omega de origen vegetal, el Omega de origen vegetal se encuentra por ejemplo en las verdolagas.

Hubo un experimento en una isla de Grecia, una isla en la que los ancianos son especialmente longevos y comen muy mal, comen con grasa y cerdo todos los días. Pero todos sus platillos llevan verdolagas y ahí están los omegas. Entonces la sangre no se les llena de coágulos y el corazón está bien. Muy difícil que le dé un infarto a alguien si tiene Omega 3, de hecho, lo utilizó mucho para tratamientos de aneurismas, trombosis, infartos y derrames.

Les empezamos a dar el Omega 3 y la persona responde muy bien. Tenemos que entender también que hay Omega vegetal en la Pepita de calabaza, en muchas hierbas, sin embargo, el Omega de origen vegetal tiene ciertos ácidos de Omega 3 y el Omega de origen animal tiene otros ácidos Omega 3. Por lo tanto, el Omega 3 ya no se considera una vitamina, se considera más bien un complejo, se llama Complejo Omega 3, al menos el que el que manejamos, porque contiene Omega vegetal y Omega animal. La linaza tiene mucho Omega.

El otro día me estaba yo haciendo un jugo en los Viveros de Coyoacán, antes de ir a correr y al señor de los jugos siempre le pedía jugo de naranja con linaza licuada y me lo tomaba.

Él tenía la linaza ahí y nunca se la tomaba y me dice "oiga ¿Por qué toma tanta linaza?" yo le digo "porque la linaza tiene Omega, eso nutre el corazón y no puede haber problemas en el corazón". Y a este señor ya le había dado un infarto y desde entonces el señor empezó a tomarse su linaza en abundancia.

Es muy importante suplementarse con Omega 3, no es nada más comerlo. Hay diferencias entre suplementos hay que aprender a diferenciar un buen suplemento.

¿Como escoger un buen Omega?

Hay tres características que debe tener un buen Omega. La primera es que la cápsula no debe congelarse. Si tú metes la cápsula al congelador y al otro día la está dura. No es un buen Omega, el bueno Omega no se congela. En los indios inuit que jamás sufren del corazón y comen pura foca, puro pescado, porque son puros Omegas.

La segunda prueba es que la cápsula debe ser obscura, porque el Omega se degrada con la luz, es una sustancia que solamente se protege con oscuridad. Entonces si la cápsula es transparente ese Omega no sirve, lo puedes regalar.

La tercera prueba y creo que la más importantes es que los omegas, para poder extraerlos utilizan derivados de la acetona. Entonces hay marcas que no le pueden quitar totalmente ese químico. Al tomar el Omega, te nutre el cerebro y te hace hueco en el estómago.

Los 5 pasos para alcanzar la salud definitiva

De hecho, una prueba es que abres la cápsula Omega, la vacías en unicel y lo dejas ahí la toda la noche en la en la cocina. Si al otro día de unicel está perforado, no te tomes ese Omega, lo puedes tirar. Sale más caro tomarlo.

Hemos encontrado hasta ahora un solo Omega que cumple las 3, Que es el que estamos manejando.

Es muy importante el poder escoger un buen Omega, tomarlo y tener todos esos beneficios. Creo que es un gran negocio el invertir en tu salud física y en tu salud emocional.

7. Hablemos ahora acerca del miedo.

Cuando pregunto en los escenarios ¿Cuántos de aquí sufren de miedo? Muy poca gente levanta la mano, el miedo es una emoción un poquito complicada.

Cuando yo digo ¿Cuántos son enojones? Muchos levantan la mano. Cuando pregunto por la tristeza, algunos la levantan, pero cuando es miedo muy pocos porque cuando tienes miedo, también te da miedo levantar la mano.

Es importante entender lo que el miedo le hace al cuerpo, el miedo daña, riñones, vejiga y rodillas.

Toda persona con problema en las rodillas tiene miedo, toda persona con problema en los riñones tiene miedo, y cuando se dañan los riñones vienen un montón de problemas de espalda baja, que es lumbago, piernas rodillas, tobillos, plantas de los pies, todos esos problemas en los huesos.

Los riñones dejan de filtrar correctamente cuando la persona siente miedo o preocupaciones. Comienza a retener lo malo y se deshace de la proteína La razón es que el miedo requiere el

enfocar lo malo, el "Que pasaría si..." y cuando la mente enfoca lo malo los riñones retienen lo malo. Así funciona.

¿Cómo vencer el miedo?

La primera técnica para vencer el miedo es encontrar el centro de gravedad y tener un camino. Una vez que el miedo aparece uno debe permanecer frente a el.

No salir despavorido, no. Permanecer firme, aunque el miedo te esté consumiendo y hacerlo durante el tiempo necesario hasta que el miedo comience a transformarse.

Todo ese torbellino de energía que giraba en dirección descendente ahora comienza a girar en dirección ascendente y se convierte en un caudal nuevo de potencial positivo.

Eso es alquimia pura. Se conoce como alquimia de las emociones. El ser humano esta diseñado para eso. Pero no quiere hacerlo. Siempre queremos que nos traten en forma agradable.

¿Por que el miedo daña los riñones?

Todo problema en los huesos está asociado a riñones. Los riñones son muy importantes. De hecho, un riñón sano es capaz de filtrar 100 litros de agua al día.

Obviamente no bebemos 100 litros de agua al día, pero el riñón podría filtrarlos. Es una maravilla tus riñones.

¿Cuánto cuesta un riñón en el mercado? Un riñón cuesta en el mercado privado $1,000,000.00. Te lo ponen, te dura 7 años en buen estado, a los 7 años tienes que comprar otro riñón, otro millón de pesos.

7.1 Las preocupaciones

Es mejor cuidar el riñón que ya tienes, quitarte todas las preocupaciones y todo el miedo. El miedo tiene su hermano menor que son las preocupaciones y a veces no tienes miedo como tal, ese miedo visceral de "me estoy muriendo de miedo". No. Pero te preocupa todo y si tú te estás preocupando por las deudas, por la política, por la inseguridad.

Llega un momento que te preocupan tanto las cosas, que hay gente que se preocupa por lo propio y por lo ajeno. Y entonces se te dañan los riñones, se dañan los huesos.

¿Es posible deshacerse de las preocupaciones?

Entonces muchas veces cuando la mujer llega descalcificada, le tenemos que quitar las preocupaciones y la gente dice "pero ¿cómo?".

Llego con la mujer que está mal de los riñones y le digo "tiene que dejar de ser preocupona" y dice "solo conozco el estar preocupada".

Entonces es muy importante empezar a cambiar estos cuadros emocionales que no son nada fáciles porque son hábitos de todo una vida y la gente siente que cuando se está preocupando, está siendo útil.

"Ay fulano se fue sin su suéter, menganito se fue sin su lonchera" y están todo el tiempo al pendiente de que la otra persona no está en su 100 y están totalmente preocupados en vez de estar ocupados.

Es muy importante que parte de la terapia es aprender a soltar, ocuparse y no tener tanto estos problemas.

Los riñones tienen la capacidad de regenerarse. Cualquier problema de riñones lo tratamos con los nutrientes también. De hecho, toda hipertensión viene por riñones sucios. Toda asma en niños viene por riñones sucios. Los riñones rigen un montón de cosas.

Entonces cuando el niño llega con el médico y le tratan de quitar el asma y le dan el shot, lo nebulizan y luego hasta sangran, pobrecitos. Y cuando llegan conmigo en 10 días se les quita el asma para siempre les empiezo a limpiar los riñones.

Y yo antes se lo decía a la mamá "Señora le voy a limpiar los riñones a su hijo" y ellas me decían "No. Sus riñones están bien. Quítele el asma". Entonces ya dejé a explicar. Simplemente le compongo el asma y después le explico. Le digo lo que hice. Le digo "le di tratamiento para riñones y eso nos hizo que se le quitará el asma".

Es muy importante el trabajo de ir encontrando lo que es la causa de cada problema. Que eso jamás lo van a encontrar allá afuera con ninguna persona. Nadie te sabe decir por qué se te descompusieron los riñones. Nadie te sabe decir por qué tienes asma, ni cómo curarlo. Entonces es muy bonito el trabajo de estar viendo realmente cuál es la causa del problema. Cómo lo componemos.

Nunca doy malas noticias. Cuando las personas vienen conmigo solamente les digo problema, solución. Vamos a avanzar por aquí. Ayúdame por favor soltando todas sus preocupaciones y soltando su miedo. El miedo no es sano para nadie.

8. Primero viene la emoción y luego viene el daño en el órgano

Vamos a hablar ahora sobre cómo comenzar a sanar nuestras emociones.

Es muy importante porque sí se puede. Hay técnicas y en los cursos, sobre todo en este libro voy a dar varias técnicas, en los seminarios que son largos doy todas las técnicas; ahorita vamos a platicar sobre el poder de la palabra hablada. ¿Cómo es posible que lo que yo digo pueda sanarme o enfermarme?

Esto muy importante. Vamos a tomar primero en cuenta el hecho de que somos emocionalmente muy pasivos. Cuando a nosotros nos educan, nos educan con una pasividad tremenda porque nos dicen "no…. que te hablen primero para pedirte perdón, tú no hables primero".

Y empezamos con una serie protocolos muy extraños que no facilitan nada. A la mujer también la dañan mucho con todo esto porque a la mujer le dicen "no. Cómo tú le vas a hablar a él. Van a pensar que andas de ofrecida".

9. Pon en orden tus emociones

Un montón de prejuicios que solamente dañan y atan. La verdadera felicidad está en dar.

9.1 El flujo de salida

Si la persona no se concentra en el flujo de entrada. Se concentra en el flujo de salida. "Qué le voy a dar al mundo".

 Esto es bien importante ya que un día hice un experimento en casa, yo tenía 22 años y estaba leyendo el libro de El Señor de los Anillos y entonces a mí me llamó mucho la atención la historia de los hobbits, los hobbits son especialmente felices y resulta que ellos en su cumpleaños no reciben regalo, dan regalo.
 Yo dije, oye qué experimento tan interesante. Así que en aquella época que no había Internet, no había no había redes sociales entonces tú le tenías que hablar a tus amigos para decirles que se acercaba a tu cumpleaños. Les tenías que decir para que se preparan con un regalo.

Entonces yo lo que hice en esa época fue que decidí hacer una comida de cumpleaños, invitar a mis amigos y darles un regalo, pero no les dije que era mi cumpleaños. Así que obviamente no invité a muchos, invité nada más cinco por qué no soy Santa Claus. Entonces llegaron, comieron y al final después de convivir con ellos que me la pasé increíble. Les dije, oigan yo quería verlos y darles este obsequio.

Se los puse ahí. Estaban tan felices de estar recibiendo un obsequio que no esperaban. Y yo estaba feliz de dar un obsequio que no esperaban. Ha sido uno de los cumpleaños más felices de toda mi vida porque en el cumpleaños uno siempre está esperando que te traten como un rey y nadie te pela.

Es muy importante entender que la razón por la cual somos infelices es porque estamos enfocados en el flujo de entrada.

La felicidad está en el flujo de salida. Así que ahí es donde hay que enfocarnos.

Es lo mismo para un negocio. Debes poner un negocio en base al beneficio que vas a causar y no con base en el dinero que vas a ganar. Se supone que un negocio es para proveer al mundo de algo que se necesita. Asegúrate de que tu nivel de intercambio sea bueno. ¿Que le das al mundo a cambio de dinero? Si das Salud a cambio de dinero estas dando algo mas valiosos de lo que recibes y ese nivel de intercambio es bueno. Una vez establecido esto entonces, ahora si puedes resolver el flujo de entrada.

En el caso de lo que es la emocionalidad somos muy pasivos.

9.2 El poder de la palabra hablada

Imaginemos que el marido llega a su casa cansado, agotado, que le pasó de todo. Lo único que quiere es ir a su cuarto y recostarse a dormir y lo primero que hace es que ve a su mujer y a sus hijos y se acerca, los abraza pone toda la intención de amor y les dice "familia. Qué gusto me da estar en casa. Los amos". Y sube las escaleras y siente como la flama crece y venía con la flamita.

¿Cómo puedo crear una realidad a partir de lo que se dice?

Se considera sincero cuando el ser humano primero siente un "te quiero" y te lo dice. Te dice "te quiero" porque lo sintió. Se considera sincero. Pero cuando la persona te dice "te quiero" y no lo siente se considera hipócrita. Sin embargo, el ser humano tiene un dispositivo capaz de crear la emoción a partir de la palabra.

¿Como ser mas activo emocionalmente?

Tú puedes decir primero "te quiero" y luego sentirlo.

Yo les propongo un experimento que les va a fascinar. De vez en cuando nos topamos con algún conocido que, no es nuestro amigo, lo conocemos y lo apreciamos, pero no lo queremos. Cuando pase eso dedícale un minuto extra, aunque lleves prisa y después de escucharlo abrázalo y dile "qué gusto me dio verte. Te quiero". Pero haz que realmente se sienta y cuando te vayas te vas a dar cuenta cómo crece. Vas a decir "oye, como que sí lo quiero.

El amor es una decisión, el enamoramiento es un accidente. Es muy importante comenzar a crear realidades emocionales a partir de lo que dices.

El 90% de todos tus problemas emocionales resuelven si tú comienzas a hablar las realidades emocionales para que se creen allá afuera.

Es muy importante esta herramienta y la gente no la usa.

La gente está muy pasiva emocionalmente. Dicen "no. A mí que me hablen. Si no me hablan, entonces no" y toda esta pasividad produce frustración, produce tristeza y produce enojo. Vamos a ser más activos y comencemos a querer a esas realidades emocionales.

9.3 La escritura

Vamos a hablar ahora sobre el poder de la palabra escrita. Es una herramienta maravillosa para poder comenzar. Es un aliado para poner en orden las emociones.

Supongamos que en este momento no estás listo o lista para hablar sobre la situación que está ocurriendo. Tiene tanta carga que si abres la boca va a ser todo un drama. Entonces lo mejor es retirarte y escribir una carta a esa persona como si la tuvieras enfrente y le pudieras decir lo que quisieras sin consecuencias. ¿Qué le dirías? Y empiezas.

¿Qué tal si lo que escribo lo lee otra persona?

Debes de controlar el cerrar la puerta, apagar el celular para que nadie te interrumpa en este proceso. Pueden ser hasta 25 hojas si se te da la gana y las firmas al final y ya decides si esa carta la guardas, la entregas o la quemas.

Este proceso de escribir es muy interesante porque hablábamos de que la turbulencia emocional es elemento aire.

¿Cómo ayuda escribir a solucionar el problema?

El ser humano tiene la capacidad de transformar los elementos, lo hacemos todos los días cuando por ejemplo congelamos agua, entonces pasa de elemento líquido a elemento sólido; cuando la hervimos y se evapora entonces pasa de elemento sólido a gaseoso.

El ser humano se la pasa transformando los elementos y también cuando el ser humano escribe una situación emocional, entonces la situación emocional abandona su cabeza y baja al papel y cuando llega al papel queda fijo, entonces ya es elemento tierra, ya no es elemento aire, ya no son nubes que me están aquí dando lata, ya no es una situación que me está agobiando, ahora queda firme en el papel. Y de ahí no se va a mover.

Lo puedes volver a encontrar cuando quieras. Así que agarras esa hoja o esa carta, la metes en un folder y le pones un título. Le puedes poner, por ejemplo, carta de enojo número 23 y la archivas. Luego escribes otra y la archivas en otro folder. Le pones carta de enojo número 24. Y cada vez que tú necesites recordar lo que habías escrito la puede sacar del folder y leerla. Ya no te va a estar molestando en tu cabeza. Ahora es elemento tierra y lo más impresionante es que cuando tú leas esas cartas te vas a dar cuenta de que hay un montón de cosas que no te acordabas de que tú escribiste.

Es muy importante este movimiento de escribir. Ayuda muchísimo a drenar la carga y entonces ya después la persona puede hablar la situación.

Normalmente no usamos la escritura más que para estar en redes sociales. Pero si ustedes se fijan, la escritura es tan impresionante que cualquiera de ustedes, tú en este momento podrías llegar en la noche a tu casa y hacer un escrito que cambie tu país. No tienes que ser presidente, sin embargo, tú puedes escribir algo que cambie tu país.

Es muy importante esto para que vean el poder de la palabra escrita. En una película que vi, que se llama Los 13 guerreros, con Antonio Banderas, yo recuerdo que la película es poquito vieja, no es muy buena, pero tiene unas escenas espectaculares donde él personifica a un árabe que va en una misión al norte y en el norte se encuentra con vikingos, tiene que colaborar con los vikingos.

Y los árabes tenían una transmisión escrita. Los vikingos no. Los vikingos tenían una transmisión oral. La pasaban de boca a oído y entonces cuando el rey vikingo ve a este árabe escribiendo en la arena los trazos. Se queda tan impresionado de la escritura que le hace la pregunta "¿Sabes trazar sonidos?" Qué forma tan extraordinaria de expresarlo. Y el otro le dice, "sí, claro. Ven que te enseño". Y le empieza a enseñar cómo se escribe.

Es muy importante entender que la escritura es una herramienta poderosísima que nunca la usamos. Cuando estamos enojados lo que queremos es discutir, pero no nos ponemos escribir. Cuando estamos tristes lo que queremos es acostarnos a llorar, pero no nos ponemos a escribir. Es muy importante entender que aquí hay una herramienta muy valiosa que la puedes convertir en un gran aliado y empezar a solucionar tu vida emocional.

9.4 Expande tu área de influencia

Vamos a hablar ahora sobre expandir el área de influencia. Es una de las técnicas más importantes para poder obtener gran bienestar y salud. Sobre todo, salud emocional.

Expandir el área de influencia te da un gran bienestar. Al expandir una de las áreas de tu vida se expanden todas las demás. Es por esto que si contraes tu comunicación por un lado debes asegurarte de que proporcionalmente crezca por otro lado incrementalmente.

85

En algunas ocasiones alguien decide vetar a sus "amigos que se quejan". Pero si suman el 80% de tus amigos al desconectarte te encontrarás en peor estado del que estás ahora. La desconexión debe ser selectiva y quirúrgica. Nunca la desconexión debe ser masiva a menos que venga seguida de una muerte y un renacimiento internos.

¿Como aumentar mi bienestar un mayor alcance?

Supongamos que en el salón de clases estás estudiando las lecciones que te da tu maestra y estás contenta porque absorbes todo lo que te da; pero si pasan semanas y meses y tú no estás expandiendo tu área de influencia. Solamente te quedas con lo que se te da, tú comienzas a perder interés.

Algo muy importante es que tienes que estar expandiendo tu área de influencia.

Ahora comienza a anticiparte a las clases. Comienza a preguntar a tu profesora ¿qué vamos a ver mañana? Entonces tú comienzas a investigar y a hacer tus propias fuentes de extracción de información y tú llegas ya con la clase preparada. Esto es muy importante porque tú comienzas a extender tus tentáculos cada vez más allá. Produce un gran bienestar.

También el hecho de dar o enseñar algo. Todos tenemos algo que podemos dar.

Yo los quiero animar e inspirar para que me ayuden con esta campaña de salud y conciencia. No es nada más que se beneficien de la información, sino que ustedes también tengan un espacio para dar algo con generosidad y desinteresadamente.

Aparte del trabajo que tú cobres conserva siempre un espacio para ayudar genuinamente a la gente y que tenga un alcance totalmente a nivel nacional.

Todos saben algo que pueden aportar, así sea que seas muy bueno en un tema y lo puedes dar. Siempre puedes expandir tu área de influencia.

Cuando expandes tu área de influencia se comienzan a poner en orden y se comienzan a acomodar todas las cosas, incluso atoramiento de 20 años se desatora.

Yo me acuerdo cuando empezamos esta campaña salud y conciencia que empezamos a donar el tiempo. Al principio era una vez a la semana. Un par de horas en Teotihuacán y yo me acuerdo de que iba yo pensando "bueno qué hago yendo a

Teotihuacán a regalar mi tiempo. Yo no tengo tiempo y ni siquiera he podido poner en orden mis propias cosas y estoy yendo a ayudar a otros".

Casi todos, sobre todo tú tienes esa vocecita muy pequeñita de que hay que ayudar y ser alguien que realmente ayuda desinteresadamente. Pero dices bueno cómo voy a ayudar si ni he puesto en orden mi casa. Yo los quiero animar a que empiecen a ayudar ya porque nunca vas a tener todo en orden.

En este Universo en el que vivimos siempre hay un concursante colapso entre materia y energía. Así que siempre van a haber problemas que se pueden resolver y siempre van a haber problemas que en este momento no se pueden resolver. Bienvenidos al planeta Tierra así que es muy importante empezar a ayudar ya. No esperes a estar mejor.

Yo me he quedado sorprendido que cuando yo empecé a expandir mi nivel de influencia subió mi nivel de responsabilidad y cuando sube tu nivel de responsabilidad, comienzas a encontrar soluciones a los problemas que antes no había.

Y esas soluciones que comienzas a encontrar te hacen que atoramientos de 20 años comenzaron a disolverse. Así que nunca me ha ido tan bien como cuando yo comencé a ayudar a otros. Los quiero animar a que lo hagan.

Cuando empecé a ayudar desinteresadamente a otros, si yo lo hubiera planeado fríamente no me hubiera quedado tan bonito porque ahora estoy recibiendo más ganancias y más bendiciones de las que nunca me hubiera imaginado.

10. Hipertensión: tratamiento

Vamos a hablar ahora sobre una de las enfermedades más comunes y difíciles porque es un asesino silencioso y es la hipertensión.

La hipertensión es especialmente complicada ya que la persona que recibe medicamentos como Losartán que baja la presión. Pero el Losartán, asimismo como la insulina, es solamente un permiso para portarse mal.

La persona se come un pollito rostizado que está lleno de sal y grasa se toma el Losartán y está controlada, pues seguimos perpetuando la enfermedad por eso es por lo que no se puede curar.

¿Es la hipertensión curable?

No la han podido curar, sin embargo, todos los hipertensos que estoy manejando se les está curando la hipertensión. La hipertensión es muy sencilla de componer porque todo hipertenso tiene los riñones sucios.

En los estudios se dice que primero la persona se vuelve hipertensa y después se le ensucian los riñones, que los riñones se dañan por causa de la hipertensión, por eso no es cierto. Es exactamente al revés.

No van a encontrar en el planeta una persona hipertensa con riñones limpios. No existe. En el tratamiento que doy limpiamos riñones. Obviamente le quitamos la sal y la grasa.

Le quitamos el enojo, si la persona se enoja se le sube la presión, de hecho, aunque esté comiendo impecablemente, si hace un coraje se le sube la presión.

Entonces sin corajes y el tratamiento comienza a funcionar y a la persona se le quita la hipertensión.

Este es un tratamiento favorable y sí viene la crisis curativa y quiero hablar de eso porque en todos los tratamientos genuinos viene una crisis curativa. Sobre todo, cuando el cuerpo está muy mal.

Recuerden que cuando nosotros vamos bajando nuestra escala de salud tenemos que estamos en normal vamos bajando y caemos en agudo.

En agudo hay dolor, hay crisis; seguimos bajando y caemos en crónico. En crónico no duele.

¿Es peligroso quitar el Losartán?

Muchas veces a la persona que se quita el medicamento de patente le empezamos a dar un reemplazo natural.

Normalmente al hipertenso le doy cuatro nutrientes, le doy Omega 3, ajo, vitamina C y le doy lecitina. Esos cuatro bajan la presión y controlan. Dejan de tener peligro. Si hay oscilaciones en la presión porque se esta quitando un medicamento sintético.

Entonces en lo que el cuerpo se ajusta a la persona le puede doler la cabeza y más, pero no es peligroso, lo estamos cuidando.

Y entonces después de un tiempo dice la persona "Wow. Tengo mi presión estable y ya no tomo medicamentos de patente".

Es una gran bendición poderse librar de estas muletas, esos medicamentos que son tan nocivos y poder componer una enfermedad tan importante y tan grave como la hipertensión que puede llevar a infarto cerebral, llevar a aneurismas y otros problemas peores.

Yo los quiero animar a que siempre busquen la causa de la enfermedad busquen la causa del problema, estudien. No se queden con la información que yo les doy, entren en Google, entren en YouTube y vean videos de cómo limpiar riñones para que se vayan enriqueciendo más.

Es muy importante ir creando un país que esté libre de enfermedades. Yo creo fielmente que podemos lograr que México se posicione en los primeros lugares como un país ejemplo de salud.

Vamos a hablar un poquito sobre vías urinarias.

Cuando nos referimos a riñones y vejiga me he encontrado muchísimo, sobre todo las mujeres que han dando a luz, incluso mujeres que ya tienen edad avanzada y comienza a caerse la vejiga.

Y esa vejiga caída causa serios problemas porque entonces la mujer o el hombre que lo padezca tiene que ir corriendo al baño cada vez que le den ganas. Después degenera esto en una incontinencia y sí tiene solución.

Obviamente hay que hacer bastante ejercicio físico para que la vejiga se vaya ajustando y tomar los nutrientes correctos y obviamente hacer una alimentación balanceada para limpiar esa vejiga.

En la mujer cuando se dañan las vías urinarias siempre tiene una consecuencia adicional. Que los riñones están muy cerca del vientre, entonces cada vez que se dañan los riñones o la vejiga en la mujer, siempre se desorganiza el vientre, comienza mucho desorden. Pueden ser sangrados irregulares, puede ser muchos cólicos, la mujer está de malas, entonces es muy importante que casi siempre la mujer llega con el ginecólogo y ginecólogo dice "estás muy bien". Pero no está bien. Tenemos que componer sus riñones, su vejiga, vías urinarias y de esta forma se le va componiendo a la mujer también su vientre.

Normalmente el tratamiento que yo le doy a la mujer, Tengo mucha experiencia con padecimientos de la mujer, quistes, miomas, cálculos, cáncer cervicouterino, cáncer de mama, mal carácter, cólicos, todo esto no hace falta operar y lo que yo hago es que lo primero que les doy son los extractos de plantas, les limpio los riñones, les limpio la vejiga, pero además hay que quitarle la mujer los lácteos, porque los lácteos van a perjudicar principalmente los pechos con depósitos de grasa y calcio en los pechos que pueden formar quistes, mastitis crónica y todo eso es muy importante atenderlo desde los hábitos alimenticios.

Los quiero animar a que hagan realmente cambios alimenticios. No es fácil, de hecho, comentaba que es más difícil cambiar de alimentos alimenticios que cambiar de religión.

Es necesario un empezar a hacerlo poco a poco. Ir incluyendo nuevos hábitos todos los meses acerca de la alimentación que llevamos.

11.1 Cáncer de mama

Vamos a profundizar un poquito lo que es el cáncer de mama.

Está proliferando mucho el cáncer de mama y causa mucho miedo.

Tenemos que entender por ejemplo cuál es la emoción que causa cáncer de mama.

El cáncer de mama no viene nada más así porque sí. Aunque eso es lo que te dicen los médicos. Pero en realidad el cáncer de mamá viene por un cuadro emocional muy interesante y esto vamos a trasmitir en un curso que se llama las cinco heridas del niño.

Resulta que por ejemplo en la mujer y en el hombre porque al hombre también le puede dar cáncer de mama, hay un problema con el acto de amamantar o ser amamantados.

Cuando la madre no puede sostener la vida de su hijo a través de amamantarlo, queda marcada una situación psicológica tanto en ella como en el bebé.

Y entonces es muy posible que ello desarrolle problemas de mamas, porque el sentir que no estoy logrando amamantar y no solamente a mis hijos, sino al mundo.

95

¿Qué le estoy aportando al mundo?

Si tú sientes que no le estás aportando al mundo nada que realmente haga la diferencia, tú no estás amamantando al mundo correctamente. Estás amamantando deficientemente y eso también causa problemas en las mamas y viceversa. El hecho de ser amamantados por el mundo si yo no estoy recibiendo de afuera lo que yo necesito para mi vida. Si mi mundo no me está dando a mí los recursos, si no me está dando a mí suficiente dinero, si no me está dando a mí la pareja correcta, si no me está dando a mi seguridad.

Si todo lo que yo veo allá fuera es una amenaza, entonces yo no estoy siendo amamantando correctamente por el mundo. Y comienza a tener la persona un montón de problemas en las mamas. Esto es muy impresionante porque funciona todo el tiempo y por eso es por lo que hay tanto cáncer de mama.

Es muy importante entender que si hay una causa emocional yo no recomiendo que las que las mujeres se tomen sus quimios porque esto es un error, es un gran fracaso decirle alguien toma veneno. Y si la persona no muere a lo mejor se salva, eso es muy primitivo y es un gran fracaso.

No todos los cánceres se curan, pero todos los cánceres son curables. Eso es muy importante saberlo, todo cáncer es curable y en mi experiencia todos mis cancerosos en un mes mejoran 50% pero sí es muy importante que la persona sea muy estricta en su alimentación.

Yo he tenido pacientitos con cáncer de mama que van empeorando y no me quieren decir que están violando la dieta y sí la están violando porque están comiendo de todo.

Es muy importante realmente portarse bien porque todo cáncer obedece a ambientes ácidos.

Ahora qué pasa cuando a un paciente por miedo llega y me dice "yo no quiero abandonar mis quimios, yo no quiero abandonar mis tratamientos con radioterapia. Quiero tener algo que me ayude sin tener que dejar aquello".

Lo cierto es que los dos tratamientos son totalmente opuestos porque la quimioterapia está dirigida a dañar la célula y mi trabajo está dirigido a rehabilitar la célula.

Es muy cruel agarrar así a alguien, es como si tuvieras una mascota y con la mano izquierda lo acaricias y con la mano derecha lo golpeas y luego con la mano izquierda lo vuelves a acariciar y con la mano derecha lo golpeas.

Entonces el tratamiento mío versus la quimioterapia. La verdad es que o lo uno o lo otro. vale la pena confiar. El tratamiento funciona.

12. Hay tres mitos acerca del cáncer.

El primer mito del cáncer es que el cáncer da. El cáncer no da. El cáncer ya lo traías.

Todos tenemos en nuestras células un montón de células cancerosas que están en una cantidad tan pequeñita que es indetectable.

Solamente cuando vienen cambios y alteraciones en el ambiente en el que nos desenvolvemos, dónde vienen alteraciones en el ambiente alimenticio, alteraciones en el ambiente emocional, es que las células cancerosas se disparan y entonces es cuando a uno le dicen "a usted le dio cáncer".

El cáncer no te da. El cáncer ya lo traías. Es el primer mito del cáncer.

El segundo mito del cáncer es que el cáncer es incurable.

De hecho, el 90% del cáncer no mata. Nada más que nos meten tanto miedo que ya la persona cuando llega al consultorio y le dicen "usted tiene cáncer felicidades". La persona de inmediato se levanta y sale del consultorio como si fuera un muerto viviente.

Es más, ya quieren hacer su testamento. Estoy totalmente convencido de que no es el cáncer sino la noticia lo que te mata, porque de inmediato viene la etiqueta "soy canceroso". Y entonces cómo te quitas esa etiqueta si ya te dijeron que el cáncer no se cura.

Es muy importante entender que el miedo vende muy bien. El miedo vende muy bien la quimio, las amputaciones, la radioterapia, es una carnicería.
Es muy importante entender que hay varios mitos, entre esos es este segundo. El 90% de los cánceres no matan. Yo recuerdo que antes tú veías cómo el cáncer siempre ha existido.

Había lo mejor el campesino que le salió un tumor a un costado del tamaño un melón y el campesino vivía toda su vida con el melón ahí y se morían de viejitos. Nada más que ahora con todo el miedo que nos han sembrado, la persona ve aquí una bolita de grasa y dice "Ay Dios mío" y de inmediato van a que se lo cautericen.

El cuerpo tiene un conocimiento muy básico, que es tan básico que no lo han logrado descifrar.

No sé si alguna vez te has explotado un barrito. ¿Qué pasa con el área? Se inflama y sale otro barrito ¿Por qué? Porque el cuerpo en su sabiduría básica, el cuerpo dice "¡Mira! por ahí están sacando la basura. Manda toda la basura para allá."

¿Por que salen quistes en los ovarios?

Lo mismo pasa con los quistes antes a las mujeres no les dan quistes. Ahora desde los 13 años ya tienen quistes en los ovarios. Y aparece un quistecito y se lo cauterizan. Y el cuerpo piensa "Mira. Por ese ovario están sacando basura. Manda toda la basura para ese ovario". Ovarios poliquísticos.

No dejen que las toquen. Tenemos tratamiento para disolver los quistes en los ovarios, no hace falta operar.

Es muy importante respetar el cuerpo, respetar la integridad del cuerpo.

Que no les metan cuchillo, que no les metan miedo. Esto es muy muy importante.

Así que en estos mitos del cáncer tenemos que el miedo y la etiqueta venden mucho.

Así que tenemos dos mitos ya hablados. El mito de que el cáncer da y que el cáncer mata y el tercer mito es que el cáncer es incurable. Todos los cánceres son curables. Todo cáncer, de hecho, fue la segunda cosa que mi padre me enseñó en mi vida, me decía "hijito toda enfermedad es curable, nada más hay que saber cómo".

Entonces él dedica 50 años de su vida a investigar y desarrollar fórmulas que van componiendo cada enfermedad. Obviamente esa información a paso solamente a sus hijos, pero funciona de maravilla.

Tenemos también un caso de VIH en Ciudad Isla. El muchacho ha mejorado mucho, ya lo dieron de alta.

Entonces es muy importante saber que toda enfermedad es curable y necesitamos aplicar ese conocimiento para poder recuperar la salud. Así es que el tercer mito del cáncer es que el cáncer no es curable.

Todos los cánceres son curables. Ojo aquí tenemos que hacer la diferencia entre, que sea curable es una cosa y que la persona se cure es otra cosa.

Tengo muchos pacientes que no se han curado y con dolor los he visto morir, pero por qué, porque no han integrado las cinco cosas. ¿Recuerdan cuáles son esas cinco cosas?
Cambios de hábitos alimenticios, cambios emocionales, extractos de plantas, la creencia de que te vas a curar (ésta es especialmente difícil) y el estudio de la salud.

Mis pacientes que no asisten a la escuela de salud comienzan a perder su nivel de compromiso y mis pacientes que sí se conectan a algún programa de estudio comienzan a subir y comienzan a curarse.

A continuación, voy a explicar el por qué la célula cancerosa se reproduce y cómo lo revertimos, vamos a profundizar un poquito más.

Veamos por un momento cuáles son estas causas del cáncer que hacen que prolifere la célula cancerosa. Para empezar, vamos a estudiar.

¿Por qué el cáncer se reproduce en el cuerpo?

El cáncer se reproduce en el cuerpo porque el sistema inmunológico que tenemos, que es una maravilla, no detecta la célula cancerosa como mala, la detecta como célula amiga y la deja vivir.

La única causa por la cual se reproduce es porque el sistema inmunológico no la mata. Lo que nosotros vamos a ver es qué le podemos dar a nuestro sistema inmunológico para que pueda funcionar mejor. Cómo podemos corregir nuestro sistema inmunológico.

¿Han visto esas películas de guerra donde los soldados para pelear de noche tienen que usar un visor especial? donde ven los cuerpos medio anaranjados y ahí donde ven
la silueta naranja ahí pone la bala. Bueno tenemos algo que se llama la vitamina E.

Se descubre cuando consumes la vitamina E en cantidad suficiente, le da a tu sistema inmunológico facultades especiales para que tu sistema inmunológico vea la célula cancerosa como enemiga y la ataque. Es algo muy importante este tratamiento.

13. Tres causas del cáncer.

Así que sabemos que el cáncer para que pueda reproducirse se necesita tres condiciones.

La primera, necesita una emoción en particular, la emoción de que la persona ya no se siente necesaria.

Esto es muy importante porque a veces la gente te puede querer mucho pero igualmente sientes que ya no eres necesario.

13.1 Causa emocional

Al principio les daba cáncer a las personas de tercera edad, Era como el rango de mayor riesgo para que les dé cáncer

¿por qué? Porque cuando la madre cuida sus hijos se siente útil. Cuando los hijos se hacen independientes, entonces ella se hace abuela y cuida a los nietos. Todavía se siente útil, pero cuando ya los nietos también crecen y los nietos ya le dicen "abuelita, este… van a venir mis amiguitos, mejor métete a tu cuarto" y cuando la abuela se da cuenta de que la quieren mucho pero no es necesaria, daría lo mismo si no estuviera aquí. Esa condición es muy impactante porque es la que hace que las células cancerosas se reproduzcan.

Hoy día imagínate en una sociedad donde todo el mundo es obsoleto en un empleo llegas y ya no te pueden ofrecer una seguridad. De hecho, de entrada, te lo dicen y dicen "Mira así están las cosas y no si no si no te gusta está la puerta". O sea, desde el principio te dicen que tú no eres indispensable para la empresa.

Imagínate en las relaciones ahora se hace lo mismo. En las relaciones ahora son más como cambiarse de ropa, así se van cambiando de pareja. De hecho, conocí un grupo de mujeres que estudiaron por Internet que el hombre hace su mejor esfuerzo los primeros 3 meses. Entonces ellas por default cada tres meses cortan al novio y consiguen otro.

Se porte bien, o se porte mal para garantizar que siempre estén en la fase de conquista.

Ya hoy día ya está todo parejo. Los géneros están haciendo actividades que no son las correctas y esto hace que produzca una sensación de no ser necesario. Cuando tu pareja te traiciona o te dice ya no quiero estar. Dice la persona "aquí nadie me necesita. ¿Para qué estoy aquí? Y se reproduce el cáncer.

Es una emoción muy interesante. Hay que aprender cómo ir desarrollando. Por eso es toda esta técnica que les enseñé de expandir tu área de influencia es tan importante para mantener una salud y que estemos alcalinos.

13.2 La segunda causa del cáncer la acidez.

Ningún cáncer puede vivir en un ambiente alcalino. Necesita un ambiente ácido, un ambiente libre de libre de oxígeno, ya que toda célula cancerosa es una célula anaeróbica, significa que no respira.

Entonces si tú le pides a la persona que se empiece a oxigenar y empiezas a darle antioxidantes a su cuerpo la célula cancerosa comienza a luchar al principio para sobrevivir y después muere.

A la célula cancerosa hay que matarla de hambre, la célula cancerosa se alimenta de alimentos ácidos; de los 4 venenos blancos: lácteos, harina, sal y azúcar principalmente y también de algunas carnes, de comida cocinada. Lo ideal es comer comida cruda.

A todos mis pacientes, sobre todos los están más graves, los que están desahuciados, el tratamiento que no falla y es implacable es que la persona coma solamente crudos, ensaladas y frutas, punto, y granos germinados.

En el Antiguo Egipto se decía que si el alimento entra a tu cuerpo cocinado entra a tu cuerpo ya muerto, el alimento baja a tu estómago muerto, tú te alimentas de la muerte y produce muerte.

Y si la persona come alimento vivo, en este caso frutas y vegetales, el alimento muere en tu cuerpo, tú te alimentas de la vida y produce vida.

Ahí te lo dejo de tarea porque es muy importante entender que casi siempre comemos cocinado y pensamos en comer
y estamos pensando que me van a preparar que esté cocinado.

De hecho, si vienen visitas a tu casa normalmente la persona está pensando qué le voy a guisar.

Sería muy interesante que llegaras a una casa y que te sirvan una barra de ensaladas, pero normalmente no porque la comida cocinada es más rica, la pueden sazonar más.

Vivimos en una cultura que le rinde tributo a lo divino y si la comida no está divina entonces no sirve.

Pero quién dice que la comida está diseñada para que sea divina. La comida está diseñada para que te nutra.

Los que nos inventamos el sabor fuimos nosotros.
 Con todo esto podemos tener una aproximación con estas dos causas del cáncer, empezar alcalinizar el cuerpo.

13.3 Causa parasitaria

Todo cáncer puede vivir solamente un ambiente donde hay parásitos. Jamás se ha encontrado un cáncer donde el organismo está libre de parásitos. Parte del tratamiento es que hay que desparasitar a la persona.

El hígado tiene una malla magnética (esto no se estudia en la academia) esta malla magnética impide que los parásitos entren al hígado, pero cuando la persona tiene corajes o come en forma incorrecta, combinada con los corajes, la malla magnética del hígado se desmiembra y entran los parásitos al hígado y comienza a haber cáncer en cualquier parte del cuerpo.

Es muy importante protegerse. De ahí la importancia de saber que sentir enojó sale caro, te puede matar.

Es muy importante entender que el único estado en el que podemos estar es un estado de felicidad. Tenemos que aceptarlo, tenemos que integrarlo y para algunas personas es fácil, para otras personas toma mucho tiempo, pero vale la pena intentarlo.

Vamos a repasar todo lo que se ha visto para que te lleves lo más concreto e importante.

Vamos a ver que estás 5 cosas que hablamos que son las 5 fases de mi tratamiento, todo lleva a esto y desde aquí parte hacia lo demás.

Recuerda que tenemos que hacer cambios de hábitos alimenticios, cambios de hábitos emocionales, extractos de plantas, la creencia de que te vas a curar y eso es importantísimo, esa no me la inventé yo porque la mente la que pide evidencia, pero tienes que saber que el milagro se te descarga si tú giras primero tu llave, no van a girar primero la llave allá arriba. Cuando tú gires tu llave se te descarga el milagro, entonces es muy importante creer que te vas a curar y estudiar la salud.

Así que con este libro de salud y conciencia vamos a tener ya las herramientas para que la persona pueda comenzar a poner orden en su vida.

Hablamos sobre cosas importantísimas, hablamos de la salud de los riñones, del páncreas, del corazón, del cerebro del estómago, hablamos sobre el impacto que tiene el enojo en tus órganos. Cómo el enojo impacta tu garganta, tu vesícula, todo esto.

Les conté anécdotas de personas que están involucradas en este proceso.

Hablamos sobre la tristeza, el hermano menor que son los desánimos, la desilusión.

Hablamos sobre el miedo y las preocupaciones. Cómo el miedo impacta riñones y vejiga no hemos hablado todavía sobre otras enfermedades que me gustaría hacerlo para otro libro.

Hablaremos sobre artritis reumatoide y cómo se trata. Enfermedades autoinmunes como VIH, como lupus, que tengo muchísima experiencia en todas estas enfermedades fibromialgia y todo esto es muy sencillo de componer. Hay que ajustar el sistema inmunológico.

La conclusión de este libro de salud y conciencia es que comiences a poner orden en tu vida emocional ya. No creas que puedes seguir viviendo de cualquier manera, como has seguido viviendo hasta ahora, pensando que, por dedicarte al trabajo, por comer lo mejor posible es suficiente.

Tienes que poner en orden tus emociones porque con eso que hay 4 formas de pecado, pensamiento, palabra, obra y omisión y las 4 te enferman, las 4 te oxida.

Nosotros recibimos 10000 choques oxidativos al día. Cada pensamiento de "híjole esto no me salió bien". Te oxida.

Es muy importante entender que nosotros nos decimos un montón de cosas a nosotros mismos que nos dañan. Tenemos que empezar a cambiar ese cuadro y hacernos responsables por cada pensamiento que tenemos.

No es suficiente con ser educados hacia afuera, si adentro te estás diciendo un montón de cosas que la gente no sabe.

Tienes que entender que todo pensamiento es dañino cuando tú estás pensando cosas que no son buenas. Así que vamos a hacernos responsables. Espero sus comentarios y estamos nos vemos pronto en el próximo libro.

Los 5 pasos para alcanzar la salud definitiva
Carta de ventas

Hola. Soy Fernando Contreras, investigador autor y filántropo y tengo más de 25 años como consultor de la terapia holística diagnosticando, curando e impartiendo conferencias y cursos para ayudar a las personas.

Te doy la bienvenida al libro los 5 pasos para alcanzar la salud definitiva.

He diseñado este libro especialmente para que las personas recuperen el control de su salud. Quiero darte un diagnóstico certero y único para que tengas esperanza de recuperación y prevención de enfermedades crónico degenerativas.

Sí claro todo esto está hecho para ayudarte a aprender a ser feliz y vivir saludablemente.

A lo largo del libro veremos el modelo de los 5 pasos para alcanzar una salud plena y definitiva donde primero nos enfocaremos en los cambios de hábitos alimenticios y emocionales, enfocándote en una dieta rica en nutrientes que cambiará tu vida y tu propia perspectiva del mundo.

Este libro está dirigido para personas cuyas vidas han sido seriamente afectadas por enfermedades aparentemente sin remedio y que buscan hasta una última esperanza para recuperar su bienestar para vivir mejor.

Si tú tienes fuertes altibajos en tu vida emocional puede que te estén haciendo enfermar, entonces este libro es para ti.

Te invito a que te registres hoy mismo. No pierdas la oportunidad de comenzar a sanarte a vivir mejor y más feliz.

AGRADECIMIENTO

Muchísimas felicidades por haber culminado este curso. Enhorabuena.

Es momento de plasmar esa información y empezar a ponerla en práctica.

Te pido que me ayudes a comenzar a sanar el planeta inspirando a otros que tomen este mismo curso.

Los beneficios que tú has adquirido son importantes que los compartas para que otras 5 u 8 personas vengan y comencemos una cadena de salvar el planeta.

Esto no se detiene aquí, ahora tenemos educación continua en la universidad del paciente, en la página salud y conciencia de Facebook.

Es importante que se puedan comunicar conmigo a través de mi número de WhatsApp, es 5510078088. También pueden entrar a mí sitio web: www.fernandocontrerasarias.com

Una vez más felicidades por haber culminado este curso han dado un paso y se acaban de colocar en una categoría única porque ahora sí tienes la información correcta y completa y puedes hacer algo al respecto.

Tu vida A partir de ahora ya no será igual, muchas felicidades.

DEDICATORIA

A mi mujer Patricia Alvarado Celis quien me ha hecho un mejor hombre. Sin ella habría sido imposible dedicar el tiempo necesario a la creación de esta obra. Gracias a su apoyo logístico, emocional y a la entrega y cuidado que
tiene con nuestra preciosa hija yo he podido llevar a cabo
esta obra.

A mi padre quien sembró en mí la integridad y los valores. Gracias a él es posible seguir una vida con coherencia y buenos hábitos rechazando toda forma artificial de tratar la salud. Gracias a él le he podido cerrar la puerta a terapias supresivas e invasivas

BIBLIOGRAFÍA RECOMENDADA

La inteligencia Emocional. Daniel Coleman

La alimentación y las emociones. Montse Bradfort

El Libro de las Emociones. Laura Esquivel

Los 5 pasos para alcanzar la salud definitiva

Made in the USA
Columbia, SC
19 March 2024

33113938R00074